LA PHONIE DU FRANÇAIS

CHEZ LES TRILINGUES TWI

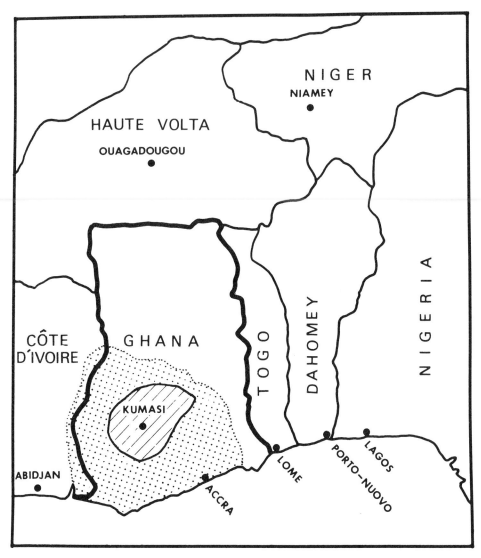

Carte indiquant la position du Ghana par rapport aux pays francophones voisins. La partie pointillée est, approximativement, la région où est parlé l'akan, la partie hachurée étant la région du twi asante.

SOCIÉTÉ D'ÉTUDES LINGUISTIQUES
ET ANTHROPOLOGIQUES DE FRANCE

Bernard Murray HAGGIS

LA PHONIE DU FRANÇAIS

CHEZ LES TRILINGUES TWI

Préface d'ANDRÉ MARTINET

Publié avec le concours du

CENTRE NATIONAL DE LA RECHERCHE SCIENTIFIQUE
ET DES PUBLICATIONS DE LA SORBONNE

1975

Cartes et figures par Guy SPICKEL

ISBN 2-85297-025-2

© SELAF – PARIS, 1975 (4ᵉ trimestre)

RÉSUMÉS

B. Murray HAGGIS — *La phonie du français chez les trilingues twi*, 1975, Paris, SELAF (Numéro spécial 4).

Cette étude vise à dégager les interférences, au niveau de la phonie, provenant de la première langue, dans le cas des Asante Twi du Ghana qui, parlant déjà anglais, apprennent le français dans les établissements scolaires secondaires. Après une brève présentation de la phonologie de l'asante twi, les principales caractéristiques de l'anglais de 24 informateurs sont indiquées. Ensuite, pour 62 informateurs, les différentes réalisations de chaque phonème français sont décrites, avec des statistiques pour montrer les réalisations les plus fréquentes. Les résultats montrent une influence très importante venant du twi. Les oppositions phonologiques qui se perdent sont surtout vocaliques, le phénomène le plus frappant étant la confusion entre les voyelles nasales françaises, toutes fréquemment réalisées comme ce qui s'écrit *an*. Pour les consonnes, les finales tombent très souvent, et les groupes consonantiques sont simplifiés. Presque toutes les réalisations anormales des phonèmes français sont explicables en termes de la phonie du twi. L'ouvrage comporte une introduction à l'étude, avec une carte, et une bibliographie.

B. Murray HAGGIS — *Phonetic Interference in the French Pronounciation by Trilingual Twi Speakers (La phonie du français chez les trilingues twi)*, 1975, Paris, SELAF (Numéro spécial 4).

The aim of this study is to determine the phonetic and phonological interference of the mother tongue in the case of Asante Twi speakers, who already speak English, and who learn French at secondary school. After a brief presentation of the segmental phonology of Asante Twi, the main characteristics of the English of 24 informants are indicated. Then, for 62 informants, the different realisations of each French phoneme are described, with statistics to show the most frequent realisations. The results show that Twi has a very big influence on the French of the informants. The phonological oppositions that disappear are mainly vocalic, the most striking feature being the confusion of the French nasal vowels, all of which are often realised as if they were written *an*. Final consonants are very often dropped, and consonant clusters are simplified. Almost all the abnormal realisations of the French phonemes can be explained in terms of Asante Twi. The book includes an introduction to the study, with a map, and a bibliography.

B. Murray HAGGIS — *Die « Phonie » der französischen Sprache bei den Dreisprachigen twi*, 1975, Paris, SELAF (Numéro spécial 4).

Diese Forschung zielt darauf, die Übersprechen für die Phonie herauszunehmen, die aus der ersten Sprache herkommen, im Falle der Asante Twi im Ghana, die schon englisch sprechen und die französisch im höheren Schulwesen lernen. Nach einer schnellen Darstellung der Phonologie der asante twi Sprache sind die Hauptkennzeichen der englischen Sprache von 24 Auskunftgebern angegeben. Dann sind die verschiedenen Verwirklichungen von jedem französischen Laut für 62 Auskunftgeber beschrieben, mit Statistiken, um die wichtigsten Verwirklichungen zu zeigen. Die Ergebnisse beweisen einen sehr wichtigen Einfluß der twi Sprache. Die phonologischen Gegensätze, die verschwinden, sind besonders vokalisch; das erstaunlichste Phänomen ist die Verwirrung zwischen den französischen Nasalvokalen, die alle wie das Geschriebene *an* oft verwirklicht sind. Was die Konsonanten angeht, fallen die Endsilben sehr oft, und die Konsonantengruppen sind sehr vereinfacht. Beinahe jede ungewöhnliche Verwirklichung der französischen Laute ist durch die Phonie der twi Sprache erklärt. Das Werk besteht aus einer Einführung in die Forschung, mit einer Karte und einer Bibliographie.

B. Murray HAGGIS — *La pronunciación del francés por trilingües de lengua materna twi*, 1975, Paris, SELAF (Numéro spécial 4).

El objetivo de esta obra consiste en la precisión de las interferencias a nivel fonético producidas por el idioma materno, en el caso de los asante-twi de Ghana, que hablan ya el inglés y aprenden el francés en establecimientos de enseñanza secundaria. Después de una breve presentación de la fonología del asante-twi, se indican las principales características del inglés de 24 informantes. A continuación, se describen, para 62 informantes, las diversas realizaciones de cada fonema francés, con estadísticas para poner de manifiesto las realizaciones más frecuentes. Los resultados muestran una influencia muy importante ejercida por el twi. Las oposiciones fonológicas que se pierden son principalmente vocálicas, siendo el fenómeno más notable la confusión de las vocales nasales francesas, realizándose todas con frecuencia como la que se escribe *an*. En cuanto a las consonantes, caen las finales a menudo, y se simplifican los grupos consonánticos. Casi todas las realizaciones anormales de los fonemas franceses pueden explicarse en términos de la fonología del twi. La obra incluye una introducción con un mapa, y una bibliografía.

Б.М. ГАГГИС — *La phonie du français chez les trilingues twi*, *Фонация французского языка у трехъязычных тви*, 1975, Paris, SELAF (Numéro spécial 4).

Данное исследование имеет целью выявить интерференции в плане фонации происходящие от первоначального языка у ашанти тви Ганы, которые уже говорят по английски и учатся франчузскому языку в средних школах. После краткого представления фонологии языка ашанти тви указаны основные характеристики английского языка у 24 информантов. Потом описываются у 62 информантов различные реализации каждой французской фонемы и даются статистики проявляющие самые частые реализации. Результаты обнаруживают значительное влияние языка тви. Исчезающие фоно-логические оппозиции являются главным образом гласными, самое выдающее явление будучи смешение французских носовых гласных, часто реализованных ã. Что касается согласных, конечные фонемы падают и согласные группы упрощаются. Почти все анормальные реализации французских фонем могут объясняться фонологией языка тви. Данный труд имеет в своем составе введение, карту, библиографию.

LA PHONIE DU FRANÇAIS

CHEZ LES TRILINGUES TWI

SOMMAIRE

PRÉFACE

Il n'y a guère plus de vingt-cinq ans que les linguistes ont résolu de soumettre les situations de bilinguisme à un examen proprement scientifique. Il a fallu, pour y parvenir, se convaincre que si « bilinguisme » devait impliquer une maîtrise égale et uniforme de deux langues, le concept n'avait aucune utilité pratique du fait du caractère exceptionnel des situations de ce type. Le bilinguisme individuel aurait pu faire l'objet de recherches psycho-linguistiques, si celles-ci ne s'étaient, au cours des dernières décennies, tournées presque exclusivement vers l'examen de l'acquisition du langage par l'enfant. C'est le bilinguisme collectif qui a naturellement retenu l'attention de ceux qui abordaient le chapitre des études linguistiques désigné, de façon passablement ambiguë, comme la sociolinguistique. Bien vite, on s'est aperçu que si les nécessités de l'examen favorisaient les rapprochements binaires, les réalités à étudier faisaient très fréquemment intervenir, non pas deux, mais trois idiomes ou plus. On a donc parlé d'abord, avec quelque exagération ou peut-être, simplement, avec inexactitude, de multi-linguisme, puis, plus précisément, de plurilinguisme.

Parmi les cas de plurilinguisme conçus comme distincts de ceux de bilinguisme, le trilinguisme est particulièrement fréquent et son étude suffit à dégager des problèmes qui ne se posent pas dans le cas du bilinguisme et qui vaudront pour le plurilinguisme en général. En tout premier lieu, celui de savoir entre lesquelles des langues en contact vont se manifester les interférences. Si nous supposons des apprentissages successifs, est-ce le premier ou le second idiome qui influencera le troisième? Il est clair, dès l'abord, que la réponse à cette question va dépendre d'un grand nombre de facteurs, parmi lesquels, en priorité, le degré de maîtrise du second idiome. En termes traditionnels, la seconde langue acquise l'aura-t-elle été dans des conditions telles qu'elle puisse se mesurer avec la « langue maternelle »? Mais l'expérience montre que là-même où la maîtrise de cette dernière l'emporte de beaucoup sur celle de la seconde langue, il se peut que la troisième langue, parce que, par exemple, elle a été enseignée dans des classes conduites dans la seconde, soit très nettement influencée par celle-ci plutôt que par le vernaculaire utilisé dans la famille. Un autre élément décisif paraît être le degré de similitude, fortuit ou tenant à un apparentement génétique, existant entre les différentes langues en contact. On doit renoncer ici à passer en revue et même à énumérer tous les facteurs qui peuvent intervenir en l'occurrence.

Bernard Murray HAGGIS, qu'un sort cruel a arraché à l'affection de tous ceux qui l'avaient approché, avait, pour la première fois en France, abordé délibérément l'étude d'une situation de trilinguisme. Son expérience de l'enseignement d'une troisième langue dans un milieu bilingue, une bonne connaissance des langues en cause, une excellente formation linguistique, une connaissance approfondie de la théorie phonologique, une grande familiarité avec les systèmes phoniques les plus divers lui ont permis de donner tout ensemble un tableau détaillé des réactions au français comme langue enseignée, de locuteurs twi, scolarisés en anglais, et un modèle d'étude comparative de la phonologie de trois langues. On a sans doute à faire, au départ, à une situation trilingue spécifique très différente de celles qu'on pourrait rencontrer en Europe ou en Asie du sud-est, par exemple. Mais on notera, d'une part, qu'elle vaut dans maints pays africains, que la langue des instances officielles soit l'anglais ou le français, et que, d'autre part, elle a permis au linguiste averti qu'était Murray HAGGIS de dégager les traits généraux de la situation trilingue.

On doit espérer que le modèle que nous devons à notre collègue disparu suscitera d'autres études, à commencer par le pendant anglais du présent ouvrage, suivi par des travaux consacrés à d'autres variétés de trilinguisme africain et aux plurilinguismes divers qui font intervenir, outre les deux langues européennes, plus d'un vernaculaire local. Il y a aujourd'hui, en France, notamment, et sur place, une pléiade de bons descripteurs de langues africaines bien décidés à ne pas sacrifier l'objet de leur recherche sur l'autel de quelque a priori, et il est temps d'envisager des regroupements et des rapprochements qui ont aujourd'hui le sens et la justification qui leur manquaient aussi longtemps que restaient imparfaitement connus les parlers en cause. Ceci peut se faire dans deux directions : celle qui vise à rapprocher les langues sur la base de leur apparentement génétique, et celle qui cherche à déterminer comment se comportent les langues en présence dans leurs contacts mutuels, que ces langues soient vernaculaires ou importées. Tous ceux qui s'engageront dans cette dernière voie devront désormais s'inspirer du livre que nous laisse Bernard Murray HAGGIS.

André MARTINET

I. INTRODUCTION

1. Cadre de l'étude

Le Ghana, ancienne colonie britannique ouest-africaine nommée Côte d'Or, a un système d'éducation qui ressemble de près à celui de l'Angleterre. À l'époque coloniale, le contenu de l'enseignement était plus ou moins celui de la métropole, personne ne voyant la nécessité de l'adapter aux besoins précis du pays. C'est ainsi que, dans les rares institutions où l'on enseignait le français avant 1950, on le faisait comme en Angleterre, sur le modèle de l'enseignement du latin : apprentissage de la grammaire formelle, apprentissage de la traduction. Ceci était le cas, par exemple, a Mfantsipim, le plus ancien lycée du pays, où le français a fait partie du programme dès sa fondation en 1876, sauf une interruption entre 1928 et 1936 [1]. On reconnaissait le français comme une langue utile en Afrique, où il y avait de nombreuses colonies françaises, mais on l'enseignait surtout parce qu'on l'enseignait en Angleterre.

C'est dans les années 50 qu'on a reconnu qu'il existait de plus fortes raisons pour enseigner le français : les pays anglophones indépendants allaient devoir entrer en rapport politique, social, économique, avec leurs voisins c'est-à-dire avec des pays francophones. La carte qui suit montre la situation du Ghana, dont les frontières terrestres sont toutes avec les pays francophones du Togo, de la Haute-Volta, et de la Côte d'Ivoire. Quand le concept d'unité africaine a vu le jour, il est devenu évident que l'anglais et le français seraient les deux langues les plus importantes pour la communication entre les divers pays ; enfin, de plus en plus, les Africains voyageaient dans le monde, et les langues internationales reconnues comme les plus importantes et utiles étaient ces deux mêmes langues. Depuis 15-20 ans, donc, l'enseignement du français devient général au Ghana ; au cours de cette même période, on est arrivé petit à petit, surtout grâce aux initiatives de la Ghana Association of French Teachers (GAFT), à adapter l'enseignement à la situation ghanéenne, aux vrais besoins locaux : par exemple, il existe désormais des manuels conçus pour l'Afrique, qui donnent une vrait

---

[1] BARTELS F.L., cité dans le compte rendu du congrès de 1959 de la *Ghana Association of French Teachers*.

signification à l'enseignement africain, remplaçant les anciens manuels, qui, eux, avaient été écrits spécifiquement pour les élèves britanniques; on est en train d'adopter des méthodes orales, actives, pour que les élèves apprennent à communiquer avec leurs voisins oralement aussi bien que par écrit; et on a modifié les examens de fins d'études (*School Certificate*), en éliminant les épreuves de traduction et en donnant une grande importance à la partie orale[2].

De même, la nécessité a été ressentie d'entreprendre des recherches portant sur les problèmes d'apprentissage du français au Ghana. Au congrès inaugural de la GAFT en décembre 1958, Abraham SPICER du Département de Phonétique à la *University College of the Gold Coast* (l'actuelle Université du Ghana) a donné une conférence sur l'enseignement du français parlé au Ghana, au cours de laquelle il a insisté sur la possibilité d'aider les professeurs de français en mettant à leur disposition une esquisse de la structure phonétique de la langue utilisée dans la localité précise où ils enseignaient[3]. Le bureau de l'Association a décidé lors de sa toute première réunion, de promouvoir une étude comparative de la langue française et des langues ghanéennes; c'est ainsi qu'en 1962, le premier article a paru à ce sujet, 'Notes on the sounds of the languages of Ghana in relation with the sounds of French', par S.A.M. PRATT, dans la première édition du *French Teachers Handbook*[4], manuel qui visait à apporter des renseignements pratiques aux professeurs. Cet article, en forme de notes, a été fait par un professeur qui n'était pas phonéticien, pour servir «jusqu'à ce que les experts produisent quelque chose faisant plus autorité»[4]. PRATT prend les lettres de l'alphabet français, d'abord les voyelles, ensuite les consonnes, en y ajoutant quelques symboles phonétiques ([ɛ], [ə], [œ], [ʃ], etc.). Il indique la réalisation de ces «lettres» qu'on trouve le plus fréquemment dans les langues du sud du Ghana, et fait quelques remarques portant sur les difficultés de prononciation du français éprouvées par les gens parlant ces langues. Ses observations sont malheureusement assez inexactes et souffrent de généralisations hâtives; il dit, par exemple, que la voyelle du mot anglais *this* n'est jamais employée dans les langues du Ghana, ce qui est très loin d'être vrai. De plus, le point de départ orthographique de l'étude réduit sérieusement son utilité. La valeur de son étude réside surtout dans le fait qu'il a lancé un mouvement, mouvement qu'a

---

[2] Voir HAGGIS, 1969.
[3] Voir HAGGIS, 1969, 1.
[4] *A French Teachers Handbook for 1962-63*, 1962, 10-12.

suivi Eric CLAVERING, et que suit le présent ouvrage. Dans l'édition de 1963 du *French Teachers Handbook*, l'article de PRATT a été remplacé par un autre autre, intitulé «The Languages of Ghana and the Pronunciation of French [5]», de CLAVERING, phonéticien et enseignant du français au *University College of Cape Coast*, Ghana. Le but de CLAVERING est d'indiquer, de façon très brève, les problèmes de prononciation qu'ont les Twi, les Ewe et les Gã qui apprennent le français. Après une courte introduction à la phonétique et à la phonologie, CLAVERING traite d'abord le problème des tons et de l'intonation, insistant sur le fait que c'est l'influence des tons des langues ghanéennes qui donne à l'anglais et au français, tels qu'ils sont parlés au Ghana, leur ligne mélodique si typique. Il est évident qu'une étude beaucoup plus approfondie encore de l'influence des tons sur l'intonation de l'anglais et du français serait d'une grande utilité aux professeurs. Une telle étude a été entreprise de l'influence des tons sur l'intonation de l'anglais et du français par CLAVERING, dans une enquête intitulée «Les phénomènes de transfert des langues à tons aux langues à intonation» qu'il mène à *Chorley College of Education*, Angleterre, depuis 1964. C'est pour cette raison que notre ouvrage ne traite pas de ces phénomènes, se limitant aux problèmes que pose la phonématique. Dans l'article que nous examinons ici, CLAVERING passe ensuite aux phonèmes du français, les comparant avec ceux du twi, du fante, de l'ewe et du gã; il indique les phonèmes français qui présentent le plus de difficulté aux Ghanéens, et donne des suggestions pour faciliter l'apprentissage de ces phonèmes difficiles. Son travail est scientifique mais très bref, n'étant que de 7 pages; il l'envisage comme une présentation intérimaire de certains faits, en attendant la publication d'une analyse détaillée, pour chacune des langues principales Ghana, des difficultés de prononciation française. Ces publications n'ont pas paru.

Une autre tentative d'analyse d'interférences dans ce domaine a été, elle aussi, assez superficielle. En 1963 la GAFT a organisé 2 congrès, chacun d'une journée, conjointement avec l'Institut des Études africaines de l'Université du Ghana, où des linguistes spécialistes du twi, de l'ewe et du dagbani ont exposé certaines différences, dans le domaine de la prononciation, de l'intonation, et des temps verbaux, entre ces langues et le français, différences susceptibles d'entraîner des interférences dans l'apprentissage du français. Le travail réalisé au cours de ces congrès, qui n'ont fait l'objet d'aucun rapport, a été basé sur

[5] *French Teachers Handbook* 1963, 17-24.

une comparaison théorique entre les systèmes phonologiques et syntaxiques des langues africaines et ceux du français. John Stewart, spécialiste de twi qui a assisté à ces congrès, a dit plus tard qu'il serait important d'étudier les erreurs réelles commises en français par des Ghanéens. De cette façon, l'on pourrait voir à quel point concordent la théorie et la réalité. Notre travail a pour but de trouver la réalité en ce qui concerne les erreurs phonétiques et phonologiques.

L'auteur de la présente thèse a enseigné le français et l'anglais parlé au Ghana entre 1954 et 1964. Il a été membre fondateur du bureau de la GAFT de 1958 à 1965, et secrétaire-trésorier de 1962 à 1965. Son engagement dans tous les développements de l'enseignement du français esquissés ci-dessus a été profond, et son intention est de fournir des données de base pour un manuel destiné aux professeurs de français du Ghana, et peut-être d'autres pays de l'Afrique occidentale, où seraient explicités les principaux problèmes linguistiques de l'apprentissage du français dans ces pays. C'est dans cette optique que l'étude présente a été entreprise. Elle concerne la prononciation du français de ceux qui ont comme langue première le dialecte d'akan appelé *twi asante*. A une date ultérieure, il faudrait faire une étude parallèle de la prononciation d'autres tribus du sud du Ghana, et des Yorouba du Nigéria occidental, toutes ces langues ayant un assez grand nombre de ressemblances, afin que les données de base soient assez complètes. Il faudrait faire également une étude syntaxique. Mais il a été nécessaire de commencer par l'étude détaillée d'un seul aspect, la phonie, portant sur un groupe linguistique homogène.

Nous avons choisi le twi asante parce que c'est le dialecte le plus répandu de l'akan au Ghana, l'akan y étant à son tour la langue la plus répandue. Selon Stewart[6], l'akan est membre du sous-groupe tano de la sous-famille volta-comoë qui, elle, appartient à la grande famille Niger-Congo. Les deux autres dialectes principaux de l'akan au Ghana sont le twi akuapem, et le fante; tous les trois ont une forme écrite. Le twi akuapem a le plus grand prestige, étant le premier dialecte dans lequel la Bible a été traduite. Le fante est assez différent des autres dialectes, mais les locuteurs de tous ces dialectes se comprennent sans difficulté[7]. Dans une population ghanéenne qui comportait en 1960 7 millions de sujets, l'akan était première langue de 3 millions d'individus, et deuxième langue d'un

---

[6] Stewart, à paraître.
[7] Pour plus de détails, voir Christaller, 1933, xiii-xv.

million [8]. La carte à la page 2 montre approximativement la région où est parlé l'akan, aussi bien que celle où le dialecte asante twi est utilisé.

2. Problèmes posés par l'étude, et méthodes adoptées

Dans le titre de cet ouvrage, nous avons utilisé le terme de « trilingues » twi, terme qui doit être maintenant précisé. Au cours de notre travail, nous avons été très conscient des limitations socio-linguistiques qu'impose la situation au Ghana. Nous aurions voulu avoir pour informateurs des personnes qui, tout en ayant bien acquis le français, ne pratiquaient pas d'autre langue que leur langue première. Or, de telles personnes n'existent pas. En premier lieu, beaucoup de gens parlent au moins un autre dialecte de l'akan, sinon une ou plusieurs autres langues ghanéennes. Parmi les 62 informateurs que nous avons utilisés, tous de langue première twi asante, 19 seulement ont dit qu'ils ne connaissaient aucune autre langue ou dialecte ghanéen (voir l'annexe 1, p. 103). En fait, nous pouvons être presque certain que ceux qui allaient ou qui étaient allés à l'école dans une région autre que celle du twi asante, avaient été touchés par une autre langue, du seul fait de contacts quotidiens pendant plusieurs années. Parmi ces 19 informateurs, 15 semblent être restés dans la région du twi asante, et peuvent donc être considérés comme de vrais unilingues pour ce qui concerne les langues africaines. Sur les 62 informateurs, 21 ont dit qu'ils connaissaient 1 autre langue du Ghana, 17 qu'ils en connaissaient 2, et 5 qu'ils en connaissaient 3. Nous n'avons pas les détails de ce qui constitue ces « connaissances »; elles semblent varier beaucoup d'une personne à une autre, provenant le plus souvent de contacts établis à l'école.

Mais il y a aussi une autre influence linguistique qui joue — celle de l'anglais qu'utilisent certains de ces informateurs, après avoir décrit maire, au moins à partir de 8 ans, et le plus souvent plus jeune encore, et l'anglais a été la langue d'enseignement, et une langue véhiculaire, depuis au moins 9 ans pour les plus jeunes informateurs, depuis 10 à 12 ans ou plus pour la vaste majorité. C'est pour ces dernières raisons que nous allons décrire la phonétique et la phonologie de l'anglais qu'utilisent certains de ces informateurs, aprls avoir décrit la phonologie du twi asante. Nous appliquons donc le terme de trilingue

---

[8] REDDEN, OWUSU et autres, 1963, viii.

à des personnes qui pratiquent le twi asante (et peut-être d'autres langues ou dialectes du Ghana), et en plus l'anglais et le français.

Même sans les problèmes socio-linguistiques déjà cités, le problème de trouver des informateurs ayant bien acquis le français se pose sérieusement. Car la plupart de ceux qui connaissent le français le connaissent imparfaitement, étant des lycéens qui ne l'ont étudié qu'en classe pendant quelques années. (L'annexe I donne des renseignements concernant l'ensemble des informateurs). En janvier et février 1968, quand nous avons pu passer 3 semaines au Ghana pour établir notre corpus, nous n'avons guère eu la possibilité de contacter les quelques Ghanéens susceptibles d'être très forts en français. Nous avons surtout fait des enregistrements dans les lycées du pays, auprès d'élèves qui étaient dans leur 5e, 6e ou 7e année de français (rarement dans leur 4e année). Nous avons pu aussi enregistrer quelques étudiants de français post-secondaires. La plupart des enregistrements chez les lycéens sont d'une durée de 5 minutes maximum, ces personnes ayant toujours assez de mal à s'exprimer en français. Les enregistrements montrent un grand flottement dans la réalisation des phonèmes français, les connaissances étant très peu stables. L'analyse de cette partie du corpus a néanmoins donné des résultats assez nets concernant les tendances générales de prononciation : par exemple, chez tous les sujets, le /ə/ français se réalise le plus souvent [ɛ], ou [ɪ]. Les enregistrements qu'ont réalisés les étudiants sont plus longs, ces personnes s'exprimant plus aisément, et ayant aussi plus de choses à dire — surtout ceux qui avaient été à l'étranger. En tout, nous avons analysé environ 7 heures de corpus français. En dehors de ce corpus que nous avons analysé, nous avons plusieurs heures d'enregistrements que nous n'avons pas encore utilisées. Les mêmes informateurs ont aussi enregistré en anglais et en twi, pour que nous puissions, le cas échéant, comparer les 3 enregistrements pour vérifier certains points. L'analyse porte donc sur un groupe hétérogène de sujets, à part le fait qu'ils ont tous le twi asante comme première langue. S'il y a, malgré cette hétérogénéité, une cohérence dans l'ensemble de nos résultats, nous pensons qu'il serait néanmoins intéressant de faire ultérieurement une étude comparative de la phonie du français chez plusieurs sous-groupes d'informateurs, groupant ensemble, par exemple, ceux qui étudient dans le même établissement, ceux qui ont séjourné dans un pays francophone, ceux qui ne parlent qu'une seule langue ghanéenne. En ce qui concerne la maîtrise d'une ou de plusieurs langues du Ghana, nous avons l'impression que la prononciation du français est nettement meilleure chez ceux qui connaissent plus d'une langue africaine, mais nous n'avons pas encore eu la possibilité de vérifier cette impression.

Ne disposant pas d'une étude portant sur les erreurs au niveau phonétique pour nous servir de modèle, nous avons expérimenté la méthode suivante, qui semble être assez satisfaisante. Pour chacun des 62 informateurs, ou bien nous avons fait transcrire phonétiquement l'enregistrement français, vérifiant ensuite nous-même la transcription, ou bien nous l'avons transcrit nous-même. Dans le premier cas, la plupart des transcriptions ont été faites par une personne qui est actuellement assistante de linguistique à l'université de Paris X ; une étudiante en maîtrise de linguistique à l'université de Paris V en a fait le reste. Ensuite, nous avons chiffré, pour chaque phonème, le nombre d'apparitions, en notant les différentes réalisations et les contextes dans lesquels se trouve chaque réalisation. De cette façon, nous avons pu dégager assez nettement les tendances de réalisation pour chaque phonème. Ensuite nous avons comparé les résultats des différents informateurs, qui se sont révélés très similaires, et nous avons chiffré les résultats pour l'ensemble des informateurs.

Notre transcription phonétique est détaillée, comportant beaucoup de diacritiques. En fait, la plupart des distinctions fines que montre la transcription, entre, par exemple, [ɛ], [ɛ˔], [ɛ˕], [ɛ˞], [ɛ'], [ɛ˞'], [ɛ], [ɛ˕], [ɛ'], ne s'avèrent pas pertinentes dans le cadre de notre étude. Tous ces sons sont des réalisations fréquentes de /ə/, mais chez le même informateur, et dans le même contexte phonique et syntaxique, on trouve plusieurs de ces réalisations de /ə/. Nous n'avons pu éviter de transcrire toutes ces nuances, ne sachant pas si certaines d'entre elles se révèleraient pertinentes ou pas, mais nous avons trouvé que c'est la tendance générale à avancer et à fermer la réalisation de /ə/ qui est typique. Pour chaque phonème donc, nous retenons dans cet exposé, parmi tous les traits phonétiques notés, ceux qui indiquent les tendances typiques. L'annexe 2 comporte la transcription du corpus français d'un de nos informateurs, avec une copie de sa fiche d'informateur.

3. Le français : normes adoptées

Nous avons dû établir une norme nous permettant de comparer les différentes réalisations des phonèmes français. Toute norme est bien sûr discutable, l'idée même de norme allant à l'encontre de la recherche. Mais d'un autre côté, tout étranger apprenant le français doit forcément adopter un modèle qu'il essaie d'imiter. On discute beaucoup en ce

22

moment, en Afrique occidentale anglophone, de ce problème de normes, certaines personnes soulignant que, puisque le but principal de l'enseignement du français est la communication avec l'Afrique francophone, c'est le français de ces pays qui doit être la norme. En pratique, la plupart de nos informateurs ont eu comme professeurs des non-Africains, pour qui, même s'ils ne l'atteignent pas, le modèle est le parisien cultivé; et cette même forme du français aura servi de modèle pour presque tous les professeurs africains, et est présentée dans tous les manuels utilisés. Font exceptions à ce qui vient d'être dit, les professeurs francophones africains et canadiens, qui sont peu nombreux. Nous avons donc pris comme base le français, dit *standard*, que présente Bertil MALMBERG dans son petit ouvrage *Phonétique française*[9]. MALMBERG est un des rares spécialistes contemporains de phonétique française, et ce livre, conçu pour les étudiants étrangers destinés à l'enseignement du français, est normatif, décrivant exactement la prononciation enseignée au Ghana. Pour chaque phonème français que nous présenterons dans la quatrième section de cet ouvrage, nous donnerons la définition et description que donne MALMBERG, et en plus, pour les voyelles, un schéma en forme visuelle, à côté de la réalisation enseignée, des réalisations principales que nous avons identifiées auprès de nos informateurs.

[9] MALMBERG, 1969.

II. LA PHONIE DU TWI ASANTE

Le premier grand spécialiste du twi était J.G. CHRISTALLER, qui a publié en 1875 une grammaire [1], et en 1881 un dictionnaire de la langue [8]. Ces ouvrages, qui restent toujours valables, comportent dans l'introduction une section sur la phonétique de la langue. Depuis, plusieurs linguistes ont travaillé sur l'akan, le mieux connu étant sans doute STEWART de l'Université du Ghana. Mais jusqu'en 1968, personne n'avait publié une description exhaustive de la phonologie de la langue. STEWART a écrit sur les tons [2], et sur l'harmonie vocalique [3]; Florence DOLPHYNE a traité de la phonologie du verbe [4], et des voyelles [5], utilisant le type d'analyse dit « prosodique » de l'école de J.R. FIRTH à Londres. Peter LADEFOGED a proposé un inventaire des phonèmes du twi dans son *Phonetic Study of West African Languages* [6]. L'auteur du présent ouvrage a lui-même décrit la phonologie d'un idiolecte twi en 1967 [7]. En 1968 a paru *A Phonology of Akan* de Paul SCHACHTER et Victoria FROMKIN [9]. Celle-ci, dite provisoire, est très détaillée, et représente le résultat de plusieurs années de recherche. Malheureusement, le cadre du travail est la phonologie générative de CHOMSKY, HALLE et STANLEY [10], ce qui supprime pour nous une bonne partie de son utilité. En effet, leurs conclusions représentent un mélange de description synchronique, d'hypothèses diachroniques, et de comparatisme entre les dialectes de l'akan, avec l'accent plutôt sur les deux derniers aspects. On voit bien que le but de ce type de description phonologique est différent de celui de MARTINET; il s'agit pour les auteurs de dégager la forme primitive de la langue, cette forme étant la « structure profonde », plutôt que de décrire la langue comme une entité qui en ce moment a une certaine forme susceptible d'être étudiée sans référence à aucune autre langue ni à aucun autre moment. Il est pourtant intéressant de trouver

[1] CHRISTALLER, 1964.
[2] STEWART, 1965.
[3] STEWART, 1967.
[4] DOLPHYNE, 1965.
[5] DOLPHYNE, 1967.
[6] LADEFOGED, 1964, 37-52.
[7] HAGGIS, 1967.
[8] CHRISTALLER, 1933.
[9] SCHACHTER et FROMKIN, 1968.
[10] SCHACHTER et FROMKIN, 1968, 5.

que les systèmes phonologiques dégagés par l'une et l'autre méthodes ne diffèrent pas beaucoup.

Consonnes

Nous présentons d'abord les consonnes, donnant les phonèmes proposés par SCHACHTER et FROMKIN, avec les réalisations attribuées à chacun. Nous nous limitons aux réalisations typiques du twi asante, et nous simplifions légèrement la transcription utilisée, pour qu'elle soit plus conforme à celle de l'Association Phonétique Internationale.

/p/ [p] à l'initiale; [ʔ] en finale si suivi d'une pause

/b/ [b] à l'initiale; [m] en finale, et devant voyelle nasale; [mᶣ] devant [ya̰]

/f/ [f] partout

/t/ [t] à l'initiale; [ɹ] ou [ɾ] en finale; [tᶣ] devant [ya]

/d/ [d] à l'initiale; [n] en finale, et devant voyelle nasale; [ɹ] ou [ɾ] à l'intervocalique; [dᶣ] devant [ya]; [nᶣ] devant [ya̰]

/s/ [s] à l'initiale; [sᶣ] devant [ya]

/j/ [j] à l'initiale; [ɲ] devant voyelle nasale; [ɥ] labialisé

/k/ [k] à l'initiale; [ʔ] en finale si suivi d'une pause; [kʷ] labialisé; [c] palatalisé; [cᶣ] palatalisé et labialisé

/g/ [g] à l'initiale; [ŋ] devant voyelle nasale et en finale; [ɟ] palatalisé; [ɟᶣ] palatalisé et labialisé

/w/ [w] à l'initiale; [ŋʷ] devant voyelle nasale; [ɥ] palatalisé; [ɲʷ] palatalisé nasalisé

/h/ [h] à l'initiale; [ḥ] nasalisé; [ç] palatalisé; [çᶣ] palatalisé et labialisé

Nous trouvons ici toutes les réalisations qui importent pour notre étude. En ce qui concerne leur interprétation phonologique, nous ferons les remarques suivantes :

I) **Réalisation nasale des occlusives** /b/, /d/ /g/

STEWART, aussi bien que SCHACHTER et FROMKIN, maintient que les réalisations occlusives nasales et orales sont en distribution complémentaire[11]. Il est vrai que toute occlusive nasale est suivie d'une voyelle nasalisée. Il y a pourtant des réalisations vocaliques nasales qui suivent des occlusives orales — par exemple [díí] «nom», que

---

[11] SCHACHTER et FROMKIN, 1968, 71.

Schachter et Victoria Fromkin interprètent comme /**dig**/. En akuapem on trouve [**diŋ**], en fante [**din**]. On pose donc une forme profonde /**dig**/ pour asante, ensuite une règle phonologique selon laquelle une occlusive orale finale se réalise comme une nasale ; puis on pose une deuxième règle selon laquelle une voyelle fermée est nasalisée devant une réalisation occlusive nasale ; enfin une troisième règle selon laquelle, en asante, une réalisation vélaire nasale en finale devient une voyelle nasale fermée ayant le même degré de tension et d'antériorité/postériorité que la voyelle précédente. Nous pensons pouvoir présenter les réalisations occlusives orales et nasales comme variantes, mais pour une autre raison : [**díǐ**], par exemple, serait la réalisation de /**dig**/, car la fermeture de /**g**/, réalisé [**ŋ**] en finale, se confondrait avec la voyelle fermée [**i**], d'où la nasalisation et l'allongement de la voyelle, qui remplaceraient [**ŋ**]. Une telle interprétation nous semble être basée sur la réalité phonétique, tandis que les règles phonologiques posées par Schachter et Fromkin semblent être sans justification objective, inventées pour commodité.

II) **Réalisations palatale et labio-palatale de /k/, /g/, /h/**

Le même type de problème que pour les occlusives orales et nasales se pose ici : les réalisations palatales et non-palatales ne s'opposent pas, se trouvant dans des contextes différents, mais on a du mal à trouver pour elles une interprétation satisfaisante. Schachter et Fromkin considèrent, par exemple, [**c**] et [**cᶣ**] comme des réalisations de /**k**/. Mais [**c**] et [**cᶣ**] sont nettement en opposition, dans les mots [**cìrɛ́**] *enseigner* et [**cᶣìrɛ́**] *écrire*, par exemple. Selon Martinet, sont réalisations d'un même phonème des unités qui se définissent par les mêmes traits pertinents : [**c**] et [**cᶣ**] ne peuvent pas se définir par les mêmes traits, étant en opposition, donc l'un ou l'autre doit être la réalisation d'un phonème distinct de /**k**/. (La dérivation des palato-labialisés que propoent Schachter et Fromkin nous semble assez remarquable : si on prend comme exemple le mot [**ɕᶣɛ**] *regarder*, on pose dans la structure profonde /**hʋe**/ ; le /**ʋ**/ labialise le /**h**/, donnant [**hwʋɛ**] ; le /**ʋ**/ est ensuite éliminé, le résultat [**hwɛ**] ; enfin il y a palatalisation résultant de l'influence de [**ɛ**], donnant [**ɕᶣɛ**]. La supposition de l'existence du /**ʋ**/ et ensuite son élimination semblent être du domaine de la pure fantaisie).

Nous posons nous-même un phonème /**kʷ**/. [**k**] et [**kʷ**] se trouvent tous les deux devant /**a**/, et il existe des paires comme /**ńká̰**/ *parfum*,

/ńkʷá̱/ *vie*. Nous pouvons donc incorporer [c] et [k] dans un phonème que nous définissons comme dorsale sourde, [cᶣ] et [kʷ] s'incorporant dans /kʷ/, dorsale sourde labialisée (car [kʷ] ne se trouve que devant une voyelle centrale, [cᶣ] étant toujours suivi d'une voyelle antérieure). [ɟ] et [g] forment également un seul phonème, et nous posons /gʷ/, qui se réalise [ɟʷ]. /h/ se réalise [h] et [ç], et /hʷ/ [çᶣ].

III) le r

Il y aurait un problème si on trouvait en fait [ɹ] (ou [ɾ]) en finale aussi bien qu'à l'intervocalique, puisque, dans le système proposé par Schachter et Fromkin, il serait alors la réalisation de 2 phonèmes différents, /t/ et /d/. En fait [ɹ] ou [ɾ] final semble être limité au fante. Nous pouvons donc très bien dire que l'apicale sonore se réalise en initiale [d] et à l'intervocalique de monème [ɹ] ou [ɾ].

Le système consonantique que nous proposons est donc le suivant :

	labiale	apicale	dorsale	dorsale labialisée
sourde	p	t	k	kʷ
sonore	b	d	g	gʷ
fricative	f	s	h	hʷ
spirante			j	w

On remarquera dans ce système l'absence de toute opposition sourde/sonore chez les fricatives, une réalisation sourde étant la seule entendue ; et en plus l'absence d'un phonème /l/ ou d'une réalisation [l]. Les consonnes [p], [b], [m], [f], [t], [d], [s], [n], [j], [k], [g], [ŋ], [w], [h] sont des réalisations très proches de celles de l'anglais, sauf que les occlusives sourdes sont très légèrement aspirées dans tous les contextes ; les apicales sont alvéolaires. L'articulation est moins tendue que celle du français. /g/ ne se rencontre jamais devant les voyelles d'avant, ni [c], [ɟ], [ç], [cᶣ], [ɟᶣ], [çᶣ] devant les voyelles d'arrière. /w/ se réalise [w] devant voyelle centrale ou postérieure, [ɥ] devant voyelle antérieure. Toutes les réalisations consonantiques sauf [ɹ] et [ɾ] se rencontrent à l'initiale de mot ; toutes se rencontrent à l'intervocalique de mot ; mais à l'intervocalique de monème, on ne trouve que [ɹ] ou [ɾ], et en finale uniquement [m]. ([ʔ], [r], et [w], indiqués par Schachter et Fromkin comme se trouvant à la finale, semblent être limités à d'autres dialectes de l'akan.) Les seuls groupes de 2 consonnes se trouvent à l'initiale de mot, où une consonne peut-être précédée par un préfixe grammatical qui se réalise comme une occlusive nasale homorganique (mais un /b/, /d/, /g/, ou /w/ est réalisé lui-même nasal après un préfixe nasal : par exemple, le pluriel de /bá/ *enfant* est [m̀má]. On trouve aussi des groupes initiaux de consonnes avec [ɹ] ou [r] comme deuxième élément, par exemple [brí] *temps*.

Voyelles

En ce qui concerne les voyelles du twi asante, nous proposons le système suivant ;

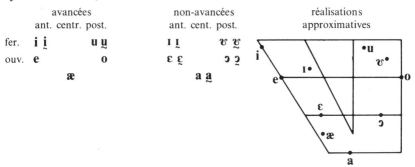

Nous posons /ɛ/ et /ɔ/ sur la base de paires comme /jɛ̀/ *faire*, /jɛ̰̀/ *nourrir*, et /ɔ́pɔ̀/ *il pousse*, /ɔ́pɔ̰̀/ *il quitte son travail*, bien que ni Stewart ni Schachter et Fromkin ne les posent. Stewart nous rejoint en ne trouvant pas le /æ̰/ que posent Schachter et Fromkin [12]. /i/, /ɪ/, /u/, /ʊ/ et les nasales correspondantes ne se trouvent jamais à l'initiale absolue de mot.

Un phénomène typique des langues akan est l'harmonie vocalique : à l'intérieur de certaines séquences, on trouve ou bien des voyelles avancées, ou bien des non-avancées, mais jamais un mélange des deux. On a souvent appelé ces deux classes de voyelles «tendues» et «non-tendues» (termes que nous continuons à utiliser ailleurs dans cet ouvrage, pour des raisons de commodité), mais Stewart montre de façon convaincante [13] que le facteur qui joue pour marquer la différence entre /ɪ/ et /i/, /ɔ/ et /o/ etc. n'est pas la tension, mais la position de la racine de la langue : dans le cas de /i/ la racine est plus avancée, modifiant ainsi les cavités buccale et pharyngale, et dans le cas de /ɪ/ elle est moins avancée. Dans des mots à une seule voyelle, les phonèmes avancés et non-avancés peuvent s'opposer : par exemple /ǹtám/ *serment* /ǹtǽ̰m/ *entre* (préposition), /tù/ *arracher* /tʊ̀/ *fermer* ;

---

[12] Stewart, 1968, 7.

ailleurs il y a neutralisation de l'opposition entre les membres de chaque paire, le contexte déterminant la réalisation de l'archiphonème. Voici les règles générales que donnent SCHACHTER et Victoria FROMKIN[14], et STEWART[13] :

a) Dans un énoncé composé d'une racine consistant en un monème avec ou sans préfixe, et où il n'y a pas de voyelle centrale, les voyelles sont toutes ou avancées ou non-avancées.

b) Si dans ce même type d'énoncé il y a une voyelle centrale, les voyelles de toute séquence ne comportant pas de voyelle centrale sont ou avancées ou non-avancées. Là où une voyelle centrale sépare 2 séquences, l'une peut avoir des voyelles avancées et l'autre des voyelles non-avancées.

c) Dans le cas de a) et b), une séquence avec des voyelles avancées contiendra ou bien /i/ ou /u/, ou bien une consonne palatale suivie de /æ/.

d) Dans d'autres types d'énoncés, on peut dire qu'en général un mot qui, là où rien ne suit, se termine par une voyelle non-avancée, a la voyelle correspondante avancée quand un mot suit avec /i/ ou /u/ comme première voyelle : exemple, [ɔbɛɟɪ] *il acceptera*, [sika] *argent*, [ɔbɛɟisika] *il acceptera de l'argent*. Cette assimilation n'affecte que la dernière syllabe du premier mot ; une voyelle avancée n'est pas assimilée à une voyelle non-avancée qui suit.

Nous donnons ici cette description du fonctionnement de l'harmonie vocalique en twi, parce qu'il semble s'agir d'un conditionnement synchronique ; des emprunts récents subissent l'influence de ce conditionnement : [polisi] *police*, [sukuu] *school*, [suiit] *sweet*, [sʊpɔɔt] *sport*. Nous avons donc voulu chercher des interférences provenant de ce phénomène, dans le cas de la prononciation du français par les Twi. En fait, nous avons trouvé assez peu d'indications d'une telle influence.

Les spécialistes ne sont pas d'accord concernant le système tonal du twi. Nous acceptons provisoirement celui que propose STEWART[15], comportant ton haut, ton moyen et ton bas, qui correspond à ce que nous avons remarqué nous-même. Le plus souvent, les différences de niveau correspondent au passage de ton haut à ton bas, la montée ou la descente n'étant chaque fois que d'un seul niveau. Par exemple, *mon père s'appelle Kwaku* se dit [mípàpásʊ́jè frɛ́nɛ̀k"ǽkù]. Dans cet énoncé, le changement de ton est uniquement de ton haut à ton bas,

---

[13] STEWART, 1967.
[14] SCHACHTER et FROMKIN, 1968, 55-58, 96-101.
[15] STEWART, 1965.

et vice versa ; on ne descend jamais, ni remonte, deux fois de suite. Par contre, *est-ce que Monsieur Owusu est là*? se dit [òwúɹòòwúsúwɔ́hɔ́ànáá], c'est-à-dire qu'on a une descente de deux niveaux sur [wúsúwɔ̀]. C'est dans un tel contexte que se révèle le ton moyen. Il y a certainement un transfert à l'anglais et au français de certains aspects du système tonal : dans les deux langues, par exemple, les pronoms relatifs, et la conjonction *que* (anglais *that*) portent toujours l'équivalent d'un ton haut, ce qui donne l'impression qu'ils sont toujours accentués, c'est-à-dire prononcés sur un niveau relativement haut. Nous attendons toujours l'analyse détaillée, par CLAVERING, de la courbe intonative et accentuelle de ces deux langues (analyse mentionnée à la page 17), et nous n'avons pas nous-même entrepris une telle étude. Nous constatons simplement que la ligne mélodique de l'anglais des Twi comporte des traits du twi et de l'anglais, leur français comportant également des traits du twi, du français et aussi de l'anglais. Dans le cas du français parlé par les Twi, par exemple, l'accent tombe normalement sur la dernière syllabe du groupe, mais aussi sur d'autres syllabes dont l'équivalent en twi porterait un ton haut.

III. LA PHONIE DE L'ANGLAIS CHEZ LES TWI

Pour mieux dégager les caractéristiques de l'anglais de nos informateurs, nous le comparons à la forme, bien connue, décrite par Daniel JONES [1] — *Received Pronunciation*, ou *R.P.*, mais nous suivons Kenneth PIKE [2] en classant ensemble, du point de vue phonétique, [ɹ], [h], [w] et [j]. PIKE appelle de telles articulations continues non-fricatives des vocoïdes non-syllabiques [3]; nous adoptons ici le terme de spirante, qu'emploie MALMBERG pour le /j/, /w/, et /ɥ/ français [4]. C'est cette forme d'anglais qui est plus souvent enseignée dans les lycées, et qu'on exige dans l'épreuve d'anglais oral du *School Certificate* du Bureau des Examens de l'Afrique de l'Ouest. Quand nous parlons, ci-après, d'anglais sans spécification, il s'agit de l'R.P. L'anglais enseigné au niveau primaire, ou qu'on entend le plus souvent au marché, est assez différent de l'R.P., et, tout en décrivant les réalisations des phonèmes anglais chez 24 de nos informateurs, qui ont un niveau d'éducation bien au-dessus de la moyenne au Ghana, nous allons indiquer également certains des traits qui caractérisent l'anglais moyen du sud du Ghana, et qui peuvent être pertinents pour notre enquête. Pour ceci, nous nous appuierons sur un livre de SCHACHTER antérieur à celui que nous avons déjà cité [5], et qui donne la seule description que nous connaissions de la phonie de ce type d'anglais.

Voyelles

Nous présentons les phonèmes vocaliques de l'anglais, d'abord sous forme de tableaux de leurs réalisations phonétiques principales, et ensuite selon leurs traits pertinents.

Nous retenons la différence de timbre plutôt que de longueur comme trait pertinent opposant les paires /i/ et /ɪ/, /u/ et /ʊ/, etc., ne suivant donc pas JONES, qui parle des voyelles brèves et longues de l'anglais [6], et qui utilise par exemple les symboles /i:/ et /i/ pour les voyelles

---

[1] JONES, 1957.
[2] PIKE, 1942, 142-143.
[3] PIKE, 1943, 145.
[4] MALMBERG, 1969, 122-125.
[5] SCHACHTER, 1962.
[6] JONES, 1957, 233.

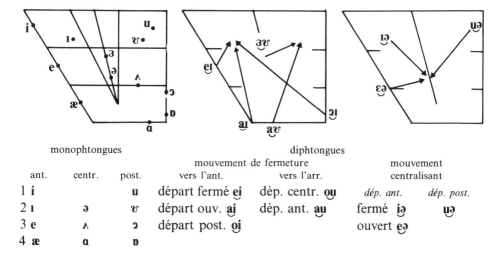

	monophtongues		diphtongues		mouvement	
			mouvement de fermeture		centralisant	
ant.	centr.	post.	vers l'ant.	vers l'arr.		
1 i		u	départ fermé **eɪ**	dép. centr. **oʊ**	*dép. ant.*	*dép. post.*
2 ɪ	ə	ʊ	départ ouv. **aɪ**	dép. ant. **aʊ**	fermé **ɪə**	**ʊə**
3 e	ʌ	ɔ	départ post. **ɔɪ**		ouvert **eə**	
4 æ	ɑ	ɒ				

que nous avons notées /i/ et /ɪ/. Il y a effectivement deux traits phonétiques qui, dans le même contexte, distinguent les membres de ces paires : timbre, et longueur. Nous choisissons le timbre parce que nous pouvons ainsi établir un système beaucoup plus cohérent, car il y a des phonèmes comme /æ/ et /e/ qui, étant aussi brefs que /ɪ/ et /ʊ/, n'ont pas de partenaire long. De toute façon, si une différence de longueur est bien perceptible là où /i/ et /ɪ/ se trouvent dans le même contexte (*beat* [**biːt**], *bit* [**bɪt**]), dans des contextes différents, les deux phonèmes peuvent se réaliser avec la même longueur : *big* [**bɪg**], *beak* [**bik**], la sonorité ou sourdité de la consonne qui suit déterminant la longueur de la voyelle. Du point de vue pratique de l'enseignement donc, il nous semble également préférable de ne pas parler de voyelles longues et brèves, description qui donne l'impression que cette distinction est toujours valable. Or, c'est la distinction de timbre qui ne se modifie jamais.

C'est sur ces bases que nous présentons nos observations sur la réalisation des voyelles anglaises par les Twi.

/i/ et /ɪ/

/i/ anglais est une voyelle antérieure fermée non-arrondie (et non-nasale, comme toutes les voyelles anglaises). La fermeture et la tension musculaire sont moins marquées que dans le cas du /i/ français. /ɪ/ est un peu moins fermé, un peu moins antérieur, et moins tendu que /i/ anglais. Pour réaliser ces phonèmes, les Twi étirent davantage les lèvres; /ɪ/ est plus tendu qu'il n'est normal en anglais. Il y a souvent confusion entre les deux chez les Twi, venant peut-être de la graphie : la lettre **i** étant en twi toujours [i], le mot anglais *sit* est souvent prononcé comme *seat* [sit]. Cette confusion pourrait résulter aussi du non-fonctionnement en anglais de l'harmonie vocalique, le Twi ne sachant plus où utiliser la réalisation non-avancée et celle avancée. Nous remarquons pourtant une nette tendance vers l'utilisation du /i/ en syllabe finale, là où l'anglais aurait /ɪ/ : exemple *shivering* [ɕɪvə'ɹin]. Nous discutons de ce phénomène plus loin, dans notre étude du français des Twi, le même type de tendance se révélant là aussi.

Nous remarquons aussi un fait assez frappant : que dans des mots du type /ɪk (s)/ (exemple : *six*), du type /ɪl/ plus consonne (exemple : *milk*), et dans *thing*, la voyelle est le plus souvent très centralisée. Ceci est vrai pour 10 sur 14 occurrences de mots comme *six*, pour 11 sur 20 de mots comme *milk*, pour 20 sur 40 occurrences de *thing*, et pour 15 occurrences sur 15 de *will*. Ces contextes ont deux choses en commun : la syllabe est fermée, et la consonne qui suit immédiatement est ou vélaire ou vélarisée. (Il s'agit d'informateurs qui ont acquis l'articulation [ɫ]). Le timbre [ɫ] ne nous est pas connu en twi, mais puisque le contexte en question n'existe pas en twi, le fait semble être à expliquer en termes d'assimilation de la voyelle antérieure /ɪ/ à la consonne postérieure /k/, /ŋ/ ou /l/ qui suit. Le phénomène ne se produit pas pour /i/. D'autres réalisations postérieures, mais cette fois-ci arrondies, sont des assimilations à des voyelles postérieures : *two reports* [tʉɹʊ 'p⁽ʰ⁾ɔ.tₛ].

Nous remarquons trois autres réalisations particulières de /ɪ/, deux venant de l'influence de la graphie : i) le suffixe *-ed* est presque toujours réalisé comme [ɛd] au lieu de [ɪd], et ii) le suffixe *-ess* est réalisé comme [ɛs] au lieu de [ɪs]. Dans le cas de *very*, réalisé presque toujours comme [vɛɹɛ], nous posons l'assimilation de la deuxième voyelle à la première. (Cette prononciation est attestée en Grande-Bretagne, mais n'est pas fréquente; JONES ne la cite pas dans son dictionnaire de prononciation anglaise[7]. Une autre réalisation assez fréquente est [ɛn] pour *ing* : *during* [dʊɹɛn] (pour [djuəɹɪŋ]).

Le nombre de réalisations de /i/ autres que [i] chez nos informateurs n'est pas très élevé : 19% du total des occurrences, dont 12% de [ɪ]; pour /ɪ/, par contre, nous avons constaté 34% de réalisations autres que [ɪ], y compris 12% de [i], 8% de [e] ou [ɛ], et 6% de réalisations centralisées postérieures, arrondies et non-arrondies.

---

[7] JONES, 1948.

/e/

Ce phonème est une voyelle antérieure non-arrondie, d'une aperture entre celle de /e/ et celle de /ɛ/ français. Est normalement utilisé le /ɛ/ du twi, qui est moins fermé et moins avancé que la voyelle anglaise. Parmi les 645 occurrences de /e/, nous avons trouvé 10% de réalisations autres que [ɛ], dont un tiers plus ouvertes, un tiers plus fermées, et un tiers plus postérieures. A une exception près, ces chiffres nous semblent peu significatifs ; l'exception concerne les réalisations postérieures non-arrondies devant [ɫ] : 10 des 15 occurrences que nous avons trouvées du groupe /el/ anglais sont réalisés comme [ɛ⁻ɫ], la voyelle étant plus postérieure qu'ailleurs. Ceci rappelle le phénomène que nous avons signalé pour /ɪ/ (p. 32), mais là c'était devant consonne vélaire aussi bien que consonne vélarisée ; nous n'avons pas trouvé d'influence semblable sur /e/ dans les 13 cas où nous l'avons trouvé suivi d'une consonne vélaire : l'influence semble jouer ici uniquement dans le cas du [ɫ] vélarisé.

/æ/

Cette voyelle, antérieure non-arrondie, a une aperture entre celle de /ɛ/ et celle de /a/ français. Elle est normalement réalisée par les Twi comme [a⁻], d'où une confusion avec /ʌ/ et /ɑ/. Ailleurs que dans *and*, nous avons trouvé 434 occurrences de /æ/, dont 360 [a⁻] (83%). La voyelle de *and*, pourtant, est le plus souvent fermée par rapport à [æ] : 152 des 270 occurrences de *and*, soit 56%, sont plus fermés, 29% ont [æ], et seulement 11% ont [a] ou [a⁻]. L'explication que nous posons pour cette différence entre le /æ/ de *and* et les autres /æ/ porte sur le mot twi pour *and*, qui est ou bien [nà̰], ou bien [ɛ́nḭ̀] ou [nḭ̀], le premier étant utilisé pour lier des propositions, l'autre pour lier les éléments de proposition. La forme utilisée pour l'anglais semble être la première syllabe de [ɛ́nḭ̀] (nous avons même trouvé un cas de [ɛnɛ́] utilisé en anglais pour *and*). La voyelle plus fermée [æ⊥] ou [ɛ] s'emploie le plus souvent dans l'anglais des Twi pour ces deux mots twi, sans distinction, mais nous avons remarqué que *and* avec [a⁻] n'est utilisé que là où le twi aurait [nà̰⁻]. Nous ne savons pas si ceci vient vraiment de l'influence de la voyelle du mot twi, ou si c'est l'influence de la tendance générale à réaliser /æ/ comme [a⁻] Nous n'avons trouvé qu'une seule occurrence de [ə] comme voyelle de *and* : la forme faible de l'anglais n'est pratiquement jamais utilisée. Il y a pourtant quelques occurrences de [ṇd] sans voyelle.

/ɑ/

Cette voyelle, ouverte mi-postérieure non-arrondie, est presque toujours (dans 95% des 174 occurrences) réalisée comme [a⁻], mais la longueur de la voyelle anglaise étant assez souvent maintenue, ce trait distingue, dans un certain nombre de cas, /ɑ/ et /æ/ : *had* [ha⁻d], *hard* [ha⁻.d].

/ɒ/

/ɒ/ est une voyelle postérieure ouverte arrondie. Nous avons trouvé 132 réalisations [ɒ] sur un total de 409 (32%), 230 [ɔ⁺] du twi (56%), 22 entre [ɑ] et [a] (5%), et 25 autres. 14 des 22 [ɑ] et [a] correspondent à la graphie **a** dans les mots *want*, *what*, *quarrel*, *wasn't*. 9 des 13 occurrences de ces mots sont prononcées selon la graphie, tandis que seulement 5 sur 69 cas de *was* le sont, *was* étant beaucoup plus fréquent, et de ce fait peut-être mieux appris. *was* n'a pratiquement jamais [ə], voyelle qu'un Anglais utiliserait toujours sauf sous l'accent (*he was* [hiˈwɒz], *wasn't* [ˈwɒsn̩t], mais *he was coming* [hiᵊzˈkʌmɪŋ].

/ɔ/

Cette voyelle, un peu plus ouverte que mi-ouverte, est postérieure et arrondie. Le Twi utilise normalement (dans 78% des occurrences) la réalisation de son /ɔ/, qui est plus en avant et moins arrondie que celle de l'anglais.

/ʊ/ /u/

Le /u/ anglais n'est ni tout à fait fermé ni tout à fait postérieur. /ʊ/, moins tendu que /u/, est un peu moins fermé et postérieur. Le /ʊ/ du twi est plus tendu que celui de l'anglais. Il y a la même confusion chez les Twi qu'entre /i/ et /ɪ/, la lettre *u* en twi représentant toujours /u/, *pull* devenant donc quelquefois [pʰul], identique à *pool*. Nous avons remarqué pourtant un facteur qui joue ici : la consonne qui précède la voyelle. Les chiffres qui suivent montrent la différence dans la voyelle après consonne apicale ou palatale, et ailleurs :

/u/ suivant consonne apicale ou palatale (exemple : *too*)	voyelle tendue (avancée ou non-avancée)	$\frac{160}{178} = 90\%$
	voyelle très avancée (tendue ou non-tendue)	$\frac{101}{178} = 57\%$

/u/ ailleurs (exemple : *school*)	voyelle tendue	$\dfrac{41}{74} = 45\%$
	voyelle très avancée	$\dfrac{10}{74} = 14\%$
/ʊ/ suivant consonne apicale ou palatale (exemple : *look*)	voyelle tendue	$\dfrac{70}{122} = 57\%$
	voyelle très avancée	$\dfrac{52}{122} = 43\%$
/ʊ/ ailleurs (exemple : *good*)	voyelle tendue	$\dfrac{14}{58} = 24\%$
	voyelle très avancée	$\dfrac{9}{58} = 16\%$

Pour les 2 voyelles /u/ et /ʊ/, une consonne apicale ou palatale qui précède, tend donc à donner une réalisation tendue et très avancée, ailleurs la voyelle étant plutôt non-tendue et peu ou pas avancée. On reconnaît donc une confusion très importante des deux phonèmes. (Le monème *to* devant voyelle est incorporé avec les cas de /u/, puisque l'analyse en donne plus ou moins les mêmes chiffres que pour les autres mots précédés d'une consonne apicale ou palatale ; c'est-à-dire que les Twi le prononce le plus souvent [tu], comme les Anglais : *to assemble* [tu.æˈsæ̃.mbɔ̄˔ː]. Pour la même raison, *to* devant consonne est incorporé avec /ʊ/, les Twi prononçant par exemple : *to start* [tʊˈstā˔].).

/u/ devient quelquefois [w] (ou [ɥ]), comme en anglais : *graduates* [gɹaˉdˈweˉs] (pour [ˈgɹædʒwɪts]). Nous avons noté plusieurs mots avec une réalisation vocalique distinctive : malgré ce qui vient d'être dit, *put* et *book* ont normalement [u], mais *putting* a [ʊ] ; *woman* est toujours [wumaˉn] ; le suffixe -*ful* est fréquemment [fɔ˔l], et *difficult* a presque toujours ce même [ɔ˔] comme troisième voyelle. Nous ne savons pas d'où viennent ces réalisations plus ou moins figées.

/ʌ/

Cette voyelle, un peu postérieure, par rapport à centrale, est mi-ouverte et non-arrondie. (Nous utilisons le symbole [ʌ] pour la réalisation de ce phonème, qui est assez avancée par rapport à la voyelle cardinale secondaire [ʌ][8].) Nous avons repéré 367 occurrences de /ʌ/, dont 133 [ʌ] (36%), 186 avancées (51%), dont la plupart sont

[8] JONES, 1957, 36.

[**a‾**], et 26 retirées arrondies (7%). Chez certains informateurs, des mots avec la graphie *o* tendent à être prononcés avec [**ɔ⁺**] ou [**ɒ**] : exemple *come* [**kɔ⁺m**]. *Just* est très fréquemment [**ɟɛst**], nous ne savons pas pourquoi.

/ə/

Ce phonème a deux variantes : [ɜ] et [ə].

[ɜ] Cette réalisation, qu'on trouve par exemple dans le mot *bird* [**bɜd**], est une voyelle centrale non-arrondie, d'une aperture entre mi-fermée et mi-ouverte. Elle est presque toujours avancée dans l'anglais des Twi, ayant une réalisation plus ou moins [ɛ] (86% des occurrences dans notre corpus). Ce type de réalisation vient, sans doute, de la perception, par les Twi, du non-arrondissement de [ɜ].

[ə] Cette variante du phonème peut se réaliser en anglais de plus d'une façon selon le contexte et le locuteur, mais se distingue le plus souvent de [ɜ] par une aperture légèrement plus ouverte, aussi bien que par le fait qu'elle est toujours brève, et qu'elle ne se trouve qu'en syllabe non-accentuée. [ə] est aussi la réalisation la plus usuelle de la voyelle non-accentuée de monèmes anglais ayant une variante accentuée et non-accentuée : *stable* [**ˈsteɪbɬ**], *stability* [**stəˈbɪlɪtɪ**]. La réalisation de cette voyelle chez nos informateurs suit normalement la graphie qui la représente. Sur les 1.042 cas où on attendrait [ə], 292 sont en fait [ə] (28%). Ce total de 1.042 ne comprend pas les mots comme *as*, *are*, dont la voyelle, normalement [ə], peut, dans un parler lent et soigné, avoir sa forme non-affaiblie ; chez nos informateurs, de tels mots ont pratiquement toujours la voyelle non-affaiblie. Le total comprend pourtant les cas de l'article *a*, et de *the* devant consonne, qui ont quelquefois [ə] chez nos informateurs. Les 750 réalisations autres que [ə] s'analysent ainsi :

349 entre [**æ⊥**] et [**e⟙**] (y compris $\frac{139}{200}$ *the*, $\frac{64}{93}$ *a*, et $\frac{30}{120}$ *-er*).

240 entre [**æ**] et [**a**], plus [**ʌ⁺**] et [**ʌ⟙**] (y compris $\frac{74}{86}$ *a*, et $\frac{77}{120}$ *-er*).

50 entre [**e**] et [**i**] (surtout des assimilations : exemple, *given* [**gɪvɪn**]).

47 postérieurs arrondis (surtout pour la graphie *o*)

28 omis (surtout dans *our* : *our house* [**a‾ha‾ʊs**])

36 autres

La prononciation si fréquente de [ɛ] pour la voyelle de *the*, indique l'articulation la plus facile pour un Twi qui essaie de prononcer [ə]. Elle montre aussi qu'à l'école primaire, on n'enseigne pas [ði], ce qui aurait été possible. Cette même réalisation [ɛ] pour l'article *a* montre aussi, par contre, une tentative à articuler [ei̯], enseigné sans doute à l'école; autrement la graphie l'emporterait probablement, avec [a⁻] (qui est en fait très rare pour *a*). La prononciation du préfixe *a-*, lui, vient certainement de la graphie. Mais nous ne voyons pas d'où vient le [a⁻] fréquent du suffixe *-er* dans des mots comme *better*.

/ei̯/

/ei̯/ est en anglais une diphtongue avec un mouvement de fermeture, le point de départ étant une voyelle antérieure mi-fermée non-arrondie, et la direction étant vers [ɪ]. Nos informateurs la réalisent presque toujours comme le /e/ twi.

/ou̯/

Cette diphtongue a un point de départ dans la région de [ɜ], et un mouvement vers [ʊ]. Elle est le plus souvent réalisé par nos informateurs comme le /o/ twi. Nous avons trouvé aussi la réalisation [w] devant voyelle : *going* [gwɛn] (pour [ˈgɜʊ̯ɪŋ].).

/ai̯/

Le mouvement fermant de cette voyelle part d'une articulation antérieure ouverte, pour se terminer vers [ɪ]. 286 des 414 occurrences sont des diphtongues [aɪ̯] (69%), et 126 (30%) sont des monophtongues, presque toutes [a⁻]. ou [a]. Le mot *I* est surtout responsable des réalisations monophtongues : sur 171 occurrences de *I*, 90 sont des monophtongues.

/au̯/

Cette diphtongue part du même point que /ai̯/, mais le mouvement de fermeture est vers [ʊ]. Sur 170 occurrences, 69 sont [aʊ̯] (41%), et il y a 15 occurrences d'autres diphtongues. Des 85 monophtongues, 62 sont [a⁻]. *our* est le plus souvent [a⁻] tout simple, mais des mots comme *house* et *town* ont plutôt une diphtongue. Des 30 occurrences de *about*, la moitié sont avec [a⁻], l'autre moitié avec [aʊ̯]. Il y a donc un flottement considérable.

/oi̯/

Le mouvement de fermeture va de [ɔ] vers [ɪ] dans le cas de ce phonème, qui ne pose pas de difficulté à nos informateurs, étant le plus souvent réalisé [ɔɪ̯], et presque jamais avec une monophtongue.

/**iə**/

Cette voyelle est une des trois diphtongues « centralisantes », où la direction du mouvement est vers [ə]. /iə/ a [ɪ] comme point de départ. Des 46 occurrences de cette voyelle, 17 sont [ɪə] (37%). Le même nombre se termine en [ɛ], suivant la tendance de la monophtongue /ə/. 3 autres se terminent en [a], et les 9 dernières sont des monophtongues : exemple *here* [hi]. 80% sont donc des diphtongues.

/**eə**/

Le point de départ pour cette diphtongue est antérieur mi-ouvert, la direction étant vers [ə]. /eə/ se réalise [ɛ] dans 79% des 121 occurrences chez nos informateurs. Quand on analyse les mots avec /eə/, on trouve les faits suivants :

	réalisation approximative	nombre d'occurrences	nombre total de mots
there actualisateur	[ɛ]		
(exemple : *there is…*)		30	30
there adverbe	[ɛ]	40 ⎱	
(*là* en français)	[ea⁻]	5 ⎰	45
their	[ea⁻]	17 ⎱	
	[ɛ]	3 ⎰	20
autres mots			
(exemples : *parents*, *compare*)			
	[ɛ] ou proche	24 ⎫	
	[ea⁻]	1 ⎬	
	Omit	1 ⎭	26
			121

On constate donc que /eə/ est réalisé comme une monophtongue partout, sauf dans *their* (et rarement dans *there* adverbe), où la réalisation est [ea⁻]. Nous pensons que l'explication de la prononciation distinctive de *their* vient de l'enseignement de l'anglais dans les écoles, où on doit enseigner une prononciation différente pour *their* et pour *there*. C'est peut-être aussi que les maîtres insistent sur une distinction entre *the* et *their*, *the* étant normalement [ðɛ] et les deux autres mots se trouvant dans le même contexte. Nous n'avons pu vérifier cette hypothèse, mais nous avons bien remarqué un certain étonnement chez nos propres élèves quand, dans une classe d'anglais parlé, au Ghana, il y a 8 ou 10 ans, nous avons insisté sur l'identité de prononciation de *their* et de *there* non-affaibli. A part *their*, nous trouvons donc que la réalisation de /eə/ est presque toujours [ɛ].

/u̯ə/

Le mouvement dans le cas de cette diphtongue va de [u] vers [ə]. Ce phonème est trop peu fréquent pour que nous puissions faire des généralisations à son égard sur la base de notre corpus. Nous y en avons trouvé 4 occurrences seulement : 3 fois [u̯ə], et 1 fois [ʉ]. De toute façon, il disparaît de l'anglais, étant remplacé par /ɔ/ : *poor* est maintenant /pɔ/ plutôt que /pu̯ə/.

De cette analyse, il est évident que, par rapport à l'R.P., les confusions d'oppositions phonologiques les plus frappantes sont les suivantes :

/æ/, /ɑ/, (quelquefois /ɒ/), /ʌ/, /ə/, /aɪ̯/, et /au/ sont tous réalisés [a⁻].

/e/, /ɜ/, /ə/, et /ɛ̯ə/ sont tous réalisés [ɛ].

/ɒ/, /ɔ/, (et quelquefois /ʌ/), sont tous réalisés [ɔ⁺].

/i/ et /ɪ/ se confondent régulièrement, comme /u/ et /ʊ/.

SCHACHTER pose un seul problème concernant la distribution des voyelles[9] : /i/ et /ɪ/ ne se trouvent pas à l'initiale de mot en twi, donc, d'après lui, on peut trouver, dans l'anglais des Twi, un /i/ ou /ɪ/ initial anglais précède d'un [j]. Nous n'avons trouvé chez nos informateurs ni cet emploi de [j], ni d'autres difficultés concernant la distribution des voyelles.

Il faut noter deux autres faits concernant les voyelles. Premièrement, la voyelle suivant une consonne nasale en twi est toujours nasale, et ce même contexte dans l'anglais des Twi donne souvent une nasalisation vocalique, beaucoup plus caractérisée que ce qui se passe normalement en anglais, où il y a fréquemment bavure nasale. Deuxièmement, la voyelle qui précède une consonne sonore en anglais est plus longue que celle qui précède une consonne sourde, dans les mots *bead* et *beat* par exemple[10]. Le Twi prononce chaque voyelle toujours avec la même longueur — les courtes toujours également courtes dans n'importe quel contexte, et les longues également longues.

Résumé

Les influences les plus importantes qui jouent dans la réalisation des phonèmes vocaliques de l'anglais par nos informateurs sont donc les suivantes :

    i) L'articulation de la voyelle twi qui correspond plus ou moins à celle de l'anglais (exemple /a/ twi et /æ/ anglais).

    ii) L'opposition tendu/relâché qui ne se réalise en twi que dans

[9] SCHACHTER, 1962, 40.
[10] JONES, 1957, 233.

des contextes bien définis, les phonèmes /i/ et /ɪ/, /u/ et /ʊ/ de l'anglais se confondant très souvent.

iii) La graphie du twi qui s'ajoute à la confusion entre /i/ et /ɪ/ anglais, /u/ et /ʊ/ anglais, pour un Twi.

iv) La succession obligatoire consonne nasale-voyelle nasale.

v) Les différences entre les systèmes vocaliques des deux langues.

vi) La graphie de l'anglais, qui semble influencer très souvent la réalisation des phonèmes de l'anglais qui n'ont pas de correspondant en twi. (exemple : *among* [aˉmɔ̞⁺ŋ]). La graphie joue dans d'autres cas aussi (exemple : *-ness* [nɛs], au lieu de [nɪs]).

vii) L'assimilation d'une voyelle à un autre phonème (exemples : *milk* [mɨɫk], *very* [vɛɹɛ].

viii) Au moins dans le cas de *and*, la similarité avec le mot correspondant twi.

ix) Un mauvais enseignement de l'anglais au niveau primaire (exemple : *a* [ɛ], *their* [ðeaˉ]. En fait, dans le cas de la plupart des réalisations fautives que nous avons indiquées, le choix par l'informateur d'une réalisation donnée plutôt que d'une autre vient en grande partie de la prononciation du maître.

x) Nous n'avons pas d'explication pour certaines prononciations figées, comme par exemple la réalisation comme [ɔ⁺] de la dernière voyelle de *difficult*.

Consonnes

Nous passons aux consonnes de l'anglais, les présentant selon leurs traits pertinents :

		labiale	apicale	sifflante	chuintante	vélaire
occlusive	sourde	p	t		tʃ	k
	sonore	b	d		dʒ	g
fricative	sourde	f	θ	s	ʃ	
	sonore	v	ð	z	ʒ	
nasale		m	n			ŋ

Cinq consonnes s'intègrent mal ou pas du tout dans le système donné ci-dessus : /l r j w h/. (En phonologie fonctionnelle, [j] et [w] en anglais sont considérés comme variantes de /i/ et de /u/. Si nous leur accordons ici un statut phonologique indépendant, c'est uniquement pour des raisons pédagogiques pratiques : ils sont enseignés avec les consonnes plutôt qu'avec les voyelles.)

/**p**/

En ce qui concerne les occlusives en général, SCHACHTER remarque [11] que les sourdes sont aspirées par les Twi dans tous les contextes, et que l'explosion de toutes les occlusives est toujours pleine, également dans tous les contextes. Chez nos informateurs, cette deuxième généralisation est plutôt une tendance : le plus souvent, ou bien une occlusive a une explosion pleine, là où elle ne l'aurait pas, articulée par un Anglais, ou bien elle est omise. L'explosion pleine de /**p**/ dans un mot comme *upmost* vient du fait que, le Twi ne connaissant pas de groupe consonantique comme [**pm**], et suivant la graphie anglaise, c'est la seule réalisation qui se présente à son esprit. L'omission de l'occlusive en groupe consonantique, comme à la finale, est typique de la prononciation twi, venant de la difficulté qu'il a avec les groupes de consonnes, et de l'absence de consonne finale (autre que [**m**]) dans sa langue. En ce qui concerne les occlusives sourdes, nous n'avons pas remarqué d'aspirée là où un Anglais utiliserait une non-aspirée (dans le cas du /**p**/ de *sport*, par exemple) ; ce que nous avons trouvé, c'est que l'aspiration de /**p**/, /**t**/ et /**k**/ à l'initiale est souvent très légère : sur 180 occurrences de /**p**/ initial, presque la moitié ne sont que légèrement aspirées, par comparaison avec l'aspiration forte typique de l'anglais dans cette position. C'est donc une aspiration réduite que nous posons comme typique de l'anglais des Twi, et qui vient certainement du /**p**/, /**t**/ et /**k**/ du twi. Nous n'allons pas reparler de ces deux types de réalisation — aspirée, et avec explosion modifiée — quand nous présenterons les autres occlusives anglaises.

Sur les 342 occurrences de /**p**/, occlusive bilabiale sourde, dans notre corpus, il y a 5 [**p**], 1 omission et 2 réalisations sonorisées en contexte sonore ; l'affaiblissement ou disparition totale d'articulation que nous trouvons dans certains contextes pour beaucoup d'autres consonnes, est très rare ici. Là où un affaiblissement se trouve, le /**p**/ est dans un groupe consonantique : *groups* [**ɡɹups**].

/**b**/

Sur les 391 occurrences de /**b**/, qui est le partenaire sonore de /**p**/, nous trouvons une vingtaine de formes affaiblies en [**b̥**], [**w**] ou [**v**], le plus souvent en initiale de mot, et quelques très rares formes assourdies.

---

[11] SCHACHTER, 1962, 33-35.

/t/

Ce phonème est une occlusive apico-alvéolaire sourde, le plus souvent aspirée. Les chiffres pour /t/ sont différents de ceux pour /p/ pour le nombre d'omissions du phonème : 198 sur 1.607 cas (12%). Ces omissions ont lieu surtout en groupe consonantique, ou bien à l'intérieur du mot, ou bien là où l'enchaînement des mots donne des consonnes successives : *arts centre* [a̠ˑsɛntʰa̠ˑ], *that person* [ða̠ˑpʰɛ̈əsn̩], *just throw* [ɟʌsθɹoˑ⁺:]. Un autre phénomène à noter est une légère affrication qui se trouve quelquefois en finale, surtout là où suit une pause : *used it for* [ju⁺zdɪtₛfɔ], *but, the place* [bʌ⁺tₛ ðɛˑples]. Nous avons repéré 71 occurrences de [tₛ], qui se trouve chez presque tous nos informateurs, mais nous ne savons pas d'où il vient. SCHACHTER parle[12] d'une palatalisation fréquente de /t/ et /d/, /k/ et /g/, devant voyelle antérieure fermée, dans l'anglais des Twi, mais nous ne l'avons remarquée pour aucun de ces phonèmes.

/d/

Cette consonne est une occlusive apico-alvéolaire sonore non-nasale. Nous avons dégagé 968 occurrences de /d/, dont 583 sont [d] (60%). Les deux types de réalisation autres que [d] qui sont fréquents sont l'assourdissement de la consonne, et son omission : il y a 15% d'assourdies, et 19% d'omises. [d̥] se trouve quelquefois en contexte sourd : *handsewing* [ha̠ˑnd̥so.wɪ́ŋ], mais de loin le plus souvent à la finale devant pause : *interested, when* [ɪntɹɛstʰɛd̥ hɥɛn], *pleased, and* [pli.zd̥ ɛ.ntₛʰ]. /d/ s'omet surtout en groupe consonantique : *welcomed the* [ɥɛɫk⁽ʰ⁾a̠ˑ.mðə⁺], *had their* [ha̠ˑdea̠ˑ] *and some* [ænsʌm]. La grande majorité de /d/ omis sont dans *and*, dans des contextes où on n'attendrait pas son omission en anglais. En anglais, *and* est souvent représenté uniquement par [n̩] syllabique, souvent aussi par [ən]. Si un Anglais allait utiliser la voyelle non-affaiblie [æ], il prononcerait également un [d] final. Les Twis utilisent une voyelle non-affaiblie, mais le plus souvent sans [d], d'où : *and they* [ɛn̩ðe] ou [ɛnde] (où le [d] est la réalisation du /ð/ de *they*), *and so* [ænso].

/k/

/k/ est une occlusive dorso-vélaire sourde, le plus souvent aspirée. On peut remarquer pour /k/ la même aspiration très légère que pour /p et /t/, Parmi les 607 occurrences de /k/, 88% sont [k], [k⁽ʰ⁾] ou

---

12 SCHACHTER, 1962, 33-36.

[kʰ]; les omissions comptent pour 7% du total, et se trouvent surtout en groupe consonantique : *sixth form* [sɪsfɔ.], *exchange their* [ɛsçɛndə].

/g/

Ce phonème, l'occlusive sonore correspondant à /k/, ne pose pas de difficulté différente de celles des autres occlusives. Sur les 227 occurrences de /g/, 208 sont [g], et il n'y a que 10 omissions, dans des mots comme *example* [ɛzɑpɫ].

/f/

/f/, fricative labio-dentale sourde, est réalisé comme en anglais, 335 des 345 cas étant [f].

/v/

Ce phonème par contre, pose un certain problème, aucune fricative labio-dentale sonore n'existant en twi. Pourtant, 293 des 390 occurrences (75%) sont [v] : il paraît que [v] n'est pas une articulation très difficile quand on connaît déjà [f] et qu'on a l'habitude d'articuler des consonnes sonores. Les 97 autres occurrences de /v/ sont des formes sourdes, assourdies ou affaiblies; elles se trouvent souvent en finale devant une pause : *have many* [aˉɣ̥ mɛnɪ], *have at* [haˉɣ̥ aˉtʰ]. Beaucoup des [f] existent dans *of*, entraînés probablement par la graphie. /v/ est quelquefois omis dans un contexte labial : *I've been* [aˉbiˉn]. Le [v] articulé par un Twi est en général moins fermé que celui articulé par un Anglais.

/θ/

En principe ce phonème, une fricative inter-dentale sourde, est très difficile à réaliser pour un Twi, qui ne connaît pas d'interdentale dans sa langue. D'après SCHACHTER [13], il est souvent réalisé comme [t] à l'initiale, [f] en finale. En fait, nos informateurs ont dû recevoir un bon entraînement, car sur les 109 occurrences de /θ/, 82 sont [θ] (75%). 14 des autres /θ/ sont [t] ou [t̪]. Nous n'avons pas trouvé de [f]. Les [t] que nous avons repérés sont presque tous dans *something* [sɔˉmtɪ]. Il y a quelques omissions dans des groupes de consonnes : *sixth form* [sɪsfɔ.].

---

[13] SCHACHTER, 1962, 29-30.

/ð/

Seulement 53% des 986 occurrences de ce phonème, la fricative sonore correspondant à /θ/, sont réalisées [ð]. Il est donc nettement plus difficile pour un Twi que /θ/, probablement parce que l'articulation des fricatives sourdes ne pose pas de problème, et il est neuf fois plus fréquent dans notre corpus — à cause des monèmes grammaticaux qui le comportent, comme *the*, *this*, *that*, et d'autres mots fréquents : *there*, *other*, etc. 33% des /ð/ sont [d] (ou [d̪]) : *other* [aˉdə], *start the school* [sᵗʰa⁺:də⁺sku.]. [d] est la réalisation donnée par SCHACHTER comme la plus fréquente. 8% des /ð/ sont [ð̥]. /ð/ tombe quelquefois ; plusieurs des 25 omissions sont dans un contexte où [n] précède : *and then* [ænɛn], *when they* [wɛnɛ˪], le contexte apical facilitant peut-être la disparition d'une deuxième consonne apicale.

/s/

93% des 1.109 occurrences de cette sifflante apico-alvéolaire sourde sont réalisées comme [s]. Les 26 omissions sont surtout dans des groupes de consonnes : *that's not* [dadn̥ɔ⁺t], *this school* [dɪᵀskuᵀ.] (où l'on attendrait une géminée) ; et quelquefois à la finale de *yes* [jɛ]. Il y a aussi 29 cas de [z], ce qui peut nous étonner puisqu'il n'y a pas de /z/ en twi. Ces réalisations viennent peut-être d'une incertitude de la part des informateurs, qui ne savent pas toujours s'il faut utiliser /s/ ou /z/, et qui se trompent quelquefois dans un contexte entraînant une assimilation à une sonore : *besmear their faces* [bɪzmiᵀɛðeaˉfeⁱzɪz], nous en donne 2 cas. En gros, pourtant, /s/ ne pose pas de difficulté.

/z/

Ce phonème, une sifflante sonore, est très souvent réalisé comme [s], selon Schachter et également chez nos informateurs. Parmi les 625 occurrences de /z/, nous avons trouvé 265 [z] (42%), 102 [z̥] (16%), 246 [s] (39%), 9 omissions, et 3 autres. Les réalisations sourdes et assourdies sont surtout en finale de mot, et sont utilisées surtout pour remplacer le [z] du monème du pluriel : *girls* [gɛɫs], *buses* [baˉsɪs]. Si la terminaison /ɪz/ est quelquefois [ɪz] et le plus souvent [ɪs], la terminaison /z/ sans voyelle précédente est, presque sans exception, [s]. (/z/ final devant une pause est aussi souvent assourdi : *a prize* [ɛpɹɔɪz̥].) Il semble donc que les Twi n'acquièrent pas facilement les trois variantes du monème du pluriel : ils acquièrent [s] et [ɪs], la marque du pluriel étant pour eux essentiellement [s]. Nous ne savons pas à quel point ceci soit également vrai pour le monème de la 3ᵉ personne du verbe, puisque notre corpus n'en comporte pas qui devraient être réalisés comme [z] ou [ɪz] — à part beaucoup de cas de *is* et de *was*, qui sont fréquemment [ɪs] et [wɔ⁺s]. Le problème de /z/ n'est donc pas de l'articuler, mais de savoir quand il faut l'utiliser; en pratique c'est un problème de morphologie : l'apprentissage de la prononciation de la terminaison *s*. Le choix de [s] plutôt que de [z] vient sans doute de la graphie de l'anglais, aussi bien que du manque de /z/ en twi.

/ʃ/

Ce phonème est une fricative apico-post-alvéolaire chuintante sourde. Le twi ne connaît pas de chuintante du type anglais, mais il comporte une réalisation fricative dorso-prépalatale non-arrondie [ç]. C'est cette réalisation qu'utilisent normalement nos informateurs pour le /ʃ/ anglais : sur les 120 occurrences de /ʃ/, 83 sont [ç] (69%), et 34 [ʃ] (28%), avec 3 autres réalisations diverses.

/ʒ/

/ʒ/ est le partenaire sonore de /ʃ/. Le [ç] du twi n'a pas de correspondant sonore, mais la combinaison de [ç] et de sonorité ne pose pas de difficulté articulatoire, et c'est [ʑ] qui est utilisé pour réaliser /ʒ/. Ce phonème est très rare en anglais : des 7 occurrences que nous avons repérées, 6 sont [ʑ], et 1 est [ʒ].

/tʃ/

Le twi ne connaît pas non plus d'affriquée chuintante, mais il connaît une variante occlusive dorso-palatale [c], ainsi que la sonore correspondante [ɟ]. /tʃ/ est donc le plus souvent réalisé comme [c] : il y en a 82 cas sur le total de 114 occurrences de /tʃ/ (72%). Nous avons noté en plus 16 [tʃ] (14%), et 16 occurrences de réalisations diverses, toutes affaiblies par rapport à [c].

/dʒ/

Le [ɟ] du twi est utilisé pour /dʒ/, affriquée chuintante sonore, dans 64 des 88 occurrences de ce phonème (73%). Il n'y a qu'un seul [dʒ], mais il y a 1 [dʒ̊], 7 [ɟ̊] et 7 [ɟ], qui se trouvent surtout en finale devant pause : *privilege* [pɹɪvɛlɪ⁺ɟ̊], *strange* [stɹeɪɲɟ̊].

/m/

La seule variante qu'on trouve pour cette nasale bilabiale est qu'il est quelquefois omis, étant alors presque toujours remplacé par la nasalisation de la voyelle qui précède : *common room* [kɒ̃mɒ̃m̩], *form five* [fɔ̃faɪv]. Chez nos informateurs, ceci n'arrive que 16 fois sur 653 occurrences (2%).

/n/

/n/ est une nasale apico-alvéolaire, identique au [n] twi. Nos informateurs ont utilisé /n/ 1.648 fois, 1.438 des occurrences étant réalisées comme [n] (87%). Parmi les autres occurrences, il y a 145 omissions (9%), et 34 [n] syllabiques (2%) réalisés comme [n] précédé d'une voyelle : *didn't* [dɪdɪn], *listen* [lɪsɪn], *students* [stu⁺dɛns]. Les omissions sont presque toutes du type que nous avons signalé pour /m/, où la nasalité est portée sur la voyelle qui précède : *then she* [dɛ̃.ɕiᵀ], *ran to* [ɹã⊥tu⁺]. On voit que ceci est un autre moyen d'éviter une succession de consonnes. 6 des 24 informateurs réalisent /n/ [ɲ] en contexte palatal : *changes* [ce.ɲɟis], *French* [fɹɛɲc].

/ŋ/

Sur les 263 occurrences de cette nasale dorso-vélaire, 123 sont [ŋ] (47%), 99 (38%) sont réalisés comme [n], et 36 sont des omissions (14%). /ŋ/ omis est toujours remplacé par une nasalité vocalique : *staving* [steĩ], *things* [θɪ̃s]. [n] remplace souvent [ŋ] en finale de mot : *speaking Spanish* [spikɪnspa⁻nɪɕ] *going everywhere* [gwɛnɛvɹ̩hwɛ], *French-speaking country* [fɹɛɲcspik⁽ʰ⁾ɛnkaɤ̃ntɹ̩], exemple qui montre que [n] ne représente pas nécessairement une assimilation à une consonne apicale. Le deuxième exemple est le plus typique, /ŋ/ suivi d'une voyelle étant fréquemment [n]. Le remplacement fréquent de [ŋ] par [n] (qui n'est pas signalé par SCHACHTER), vient peut-être du fait qu'en anglais /ŋ/ ne se trouve qu'à la finale de monème, tandis qu'en twi [ŋ] et [n] ne se trouvent qu'à l'initiale. Nous ne savons pas pourquoi le rapprochement de /ŋ/ anglais se ferait avec [n] ; la fréquence pourrait être un facteur qui joue, l'articulation apicale nasale étant, en twi comme en anglais, beaucoup plus utilisée que la vélaire. Il se peut aussi que l'anglais ait été introduit au Ghana par des Britanniques qui utilisaient la forme vulgaire [ɪn] ou [ən] pour -*ing*, d'où une forme généralisée en [n].

/j/

[j], une spirante palatale non-labialisée, n'est pas toujours une unité

distinctive en anglais; par exemple, en affixant -*ing* à un verbe qui se termine en /eị/, /oụ/, /oị/, ou /aị/, un Anglais intercale automatiquement [j] : *buying* [baịjɪŋ]. Nous avons pourtant trouvé commode de grouper ensemble tous les cas où [j] serait utilisé par un Anglais, à des fins distinctives ou non.

Nous avons trouvé 215 occurrences de /j/, dont 190 sont [j] (88%). Les autres occurrences sont surtout des omissions : il y en a 20 (9%). /j/ est omis ou bien en groupe consonantique : *during* [dʊ̯ɹɛn], *graduates* [gɹa⁻dwe⁺q] ; ou bien à l'intervocalique : *staying* [steịn]. Ces omissions viennent vraisemblablement de la graphie de l'anglais; dans le premier type, /j/ n'est pas du tout représenté dans l'écriture, donc une prononciation basée en partie sur la graphie, comme l'est celle des Twi, peut facilement le laisser tomber. Dans le cas de *stay*, *say*, *enjoy*, etc., sans suffixe -*ing*, il n'y a pas de [j]. Quand on y affixe -*ing*, le [j] qui est intercalé n'est pas représenté à l'écrit, et le Twi peut donc ajouter [ɪŋ] sans [j] à [ste], [se] etc.

/l/

Nous allons traiter à part les deux variante de /l/, latérale apico-alvéolaire : [l] qui se trouve devant voyelle, et [ɫ] vélarisé qui se trouve ailleurs. Le twi ne connaissant pas de latérale, on pourrait attendre beaucoup de réalisations non-latérales. SCHACHTER dit [14] que /l/ est souvent réalisé [d], [ɹ], ou [n], c'est-à-dire par une autre articulation apicale, mais ceci doit être vrai plutôt pour les gens ayant peu d'instruction, car parmi les 770 occurrences de /l/ dans notre corpus, nous n'avons trouvé qu'un [ɹ], et aucune autre articulation apicale non latérale.

/l/ devant voyelle ne pose pas de difficulté pour nos informateurs : 336 des 338 occurrences sont réalisées [l]. Les deux autres occurrences sont *a lot* [a⁻llɔ⁺tʰ], où l'articulation reste latérale mais est géminée, et *paludrine* [p⁽ʰ⁾a⁻ɹʉdɹin], où nous posons une attraction.

[ɫ]

C'est cette variante qui est difficile pour les Twi, en partie parce qu'elle leur est encore plus étrange que [l], le twi ne comportant pas de vélarisées, en partie parce que [ɫ] se trouve ou bien à la finale, position où les Twi nont pas l'habitude d'articuler une consonne, ou bien dans un groupe consonantique, ce qui pose également une

---

[14] SCHACHTER, 1962, 30.

difficulté. Sur les 432 occurrences de /l/ dans ces contextes, 208 sont [ɫ] (48%). Dans 103 cas (24%), [ɫ] n'est pas articulé du tout : devant consonne, comme dans *also* [ɔːso], *films* [fɪ.ms], en finale, comme dans *dining hall* [daɪnɪŋhɔːˑ], *the school* [ðɛskuˑ]. Nous avons trouvé 50 cas où [l] est utilisé, à tort : *the needle* [ðɛnɪ̩dl], *I'll always* [aɪlɔlwɪz]. Restent 71 cas très variés qui représentent différentes tentatives de réaliser [ɫ] en finale, le plus souvent syllabiques. Il est souvent remplacé par une voyelle : *people* [pïˑpɐ], réalisation qu'on trouve chez certains Britanniques, mais qui n'est certainement pas enseignée exprès au Ghana ; *kill* [kʰɛʼɵ], *NLC* [ɛnɛaˉsɪ], *general announcement* [ɹɛnɹaˉənaˉsmɛnt] (le [aˉ] venant de la graphie). Quelquefois une voyelle est intercalée : *normal* [naɐmaˉl] (graphie), *musical* [mɪʼzɪkɪˉl] (assimilation à la voyelle précédente).

/r/

Ce phonème est le plus souvent réalisé par un Anglais comme une spirante ou une fricative apico-alvéolaire ; une articulation vibrante apicale à un battement se trouve comme variante libre dans certains contextes. La réalisation normale du /r/ anglais chez nos informateurs est également [ɹ] : sur les 525 occurrences de /r/, 452 sont [ɹ] (86%). Nous avons remarqué 7 [ɾ], et 3 [r]. Il peut y avoir une difficulté, comme dans le cas d'autres consonnes, avec les groupes consonantiques : le /r/ est omis, par exemple, dans cette réalisation de *electricity* [lɛktɪsɪtɪ]. On trouve pourtant surtout des omissions dans le cas du /r/ de liaison (*linking r*) : *share it* [ɕɛ.ɪt], *for example* [fɔˑɛzaₘpɐ], *they were all* [deɥɜˑɔˑɫ]. Nou avons repéré en tout 49 omissions de /r/ (9%). SCHACHTER dit[15] que /r/ initial anglais est quelquefois remplacé par [d], [ɹ] ou [ɾ] twi ne se trouvant pas à l'initiale de phrase, mais nous n'avons pas repéré d'occurrence de [d] pour /r/ chez nos informateurs.

/h/

Comme /r/, /h/, une spirante glottale, ne présente pas de difficulté, sauf qu'il est quelquefois omis : sur 312 occurrences, 273 sont [h] (88%), et 32 sont omis (8%). L'omission peut être à l'intervocalique : *we have* [wiaˉy], *I have* [æav], ou après consonne : *made here* [medɪɛ], *and how he* [naɐhi]. Très rarement un [h] est intercalé là où il n'y a pas de /h/ ; *I fail* [hafeɫ], *our housemistress* [haˉhaɐsmyɕɛs]. Nous

[15] SCHACHTER, 1962, 42.

semblons avoir affaire à la même difficulté qu'ont les Cockneys de Londres, qui savent très bien articuler [h], mais qui ne savent pas quand l'utiliser. La difficulté est pourtant beaucoup moins importante pour les Twi que pour les Cockneys.

/w/

Ce phonème est une spirante labio-vélaire. Dans l'anglais des Twi, nous trouvons les deux réalisations, [w] et [ɥ], du /w/ twi, [ɥ] remplaçant souvent [w] devant voyelle antérieure : *with a sword* [ɥɪðɛsɔ˙d], *when I* [ɥɛnæɪ]. Sur les 793 occurrences de /w/, 558 sont [w] (70%), et 144 sont [ɥ] (18%). Nous remarquons ensuite que les Twi ont appris à réaliser comme [hw] ou [hɥ] ce qui est *wh* dans la graphie, dans des mots comme *why* et *what* : nous avons trouvé 49 [hw] et [hɥ] : *when* [hɥɛn], *what* [hwɔ⁺]. Presque tous les informateurs ont utilisé ce type de réalisation une fois sinon plusieurs fois dans ce contexte, mais pas à l'exclusion de [w] ou [ɥ], c'est-à-dire qu'on a le même phénomène qu'en anglais, où une même personne peut utiliser [w] et [hw] comme variantes libres. /w/ est omis 19 fois dans notre corpus (2%), surtout dans *we*, qui est alors réalisé [u] : *we were* [u⁺wɛ]. Cette réalisation est pourtant plutôt l'exception que la règle pour *we*.

Problèmes de distribution des consonnes anglaises

Nous trouvons utile de commenter quelques observations que fait SCHACHTER [16] sur l'influence de la distribution des consonnes en twi, sur l'anglais des Twi. Certaines de ces observations semblent plutôt typiques de personnes qui sont moins cultivées que nos informateurs, car nous n'avons pas constaté de tels cas dans notre corpus; SCHACHTER donne par exemple la réalisation [ciu] pour *chew* (en anglais [tʃu:]), l'expliquant par le fait que [c] twi (aussi bien que [ɟ] et [ç]) ne se trouve jamais devant voyelle postérieure, le Twi intercalant donc [i]. Il cite des cas de groupe consonantique initial, où une voyelle est également intercalée : *few* [fiu] (pour [fju:]), *sweet* [suit] (pour [swi:t]), *school* [suku:] (pour [skuɫ]). Consonne plus [ɹ] ou [r] étant le seul groupe initial en twi, il cite aussi *play* [pɹei] (pour [plei]). Nos informateurs ont très peu de difficulté avec les groupes initiaux, mais en ont beaucoup avec des groupes non-initiaux, les simplifiant par l'omission d'une occlusive, exactement comme le décrit SCHACHTER : *seeds* [sis] (pour [si:dz]), *sixth* [sɪs] (pour [sɪksθ]) par exemple. Les

---

[16] SCHACHTER, 1962, 39-44.

groupes non-initiaux semblent donc poser beaucoup plus de difficultés que les initiaux. La finale entraîne aussi beaucoup d'omissions de consonnes simples : *sick* [sɪ] (pour [sɪk]), aussi bien qu'une confusion entre sourdes et sonores. Nous n'avons pas trouvé de cas si frappant que *leaf* et *leave* réalisés tous les deux [lif] (cas cité par SCHACHTER), mais nous avons remarqué beaucoup d'assourdissements en finale.

Résumé

Les variantes des consonnes anglaises typiques des Twi viennent surtout de l'influence du twi.

i) Là où le Twi a une articulation proche mais pas identique à celle d'un phonème anglais, il l'utilise en anglais : /p/, /t/ et /k/ sont plus légèrement aspirés que chez un Anglais; /ʃ/ devient [ç], /tʃ/ [c] et /dʒ/ [ɟ]. /ʒ/ est réalisé [ʑ] sans difficulté, même si /ʑ/ ne se trouve pas en twi.

ii) /θ/ et /ð/ n'ont pas de correspondant en twi, et peuvent être remplacés par /t/ et /d/. /l/, également absent du twi, n'est pas difficile dans sa réalisation non-vélarisée, mais la vélarisation de [ɫ], articulation non-connue en twi, présente une difficulté. /v/ n'existe pas en twi, et est assez souvent rapproché de /f/.

iii) Deux contextes entraînent beaucoup d'omissions consonantiques en anglais : la finale, et le groupe consonantique, aucune consonne twi sauf [m] ne se trouvant en finale, et aucun groupe consonantique n'existant en twi sauf nasale suivie de consonne en initiale, et consonne suivie de [ɹ] ou de [r]. Les consonnes nasales, y comprises /m/, peuvent être omises en finale anglaise, la nasalité étant reportée sur la voyelle finale. Un autre contexte qui donne une réalisation typiquement twi est /wi/, qui est réalisé [ɥi], suivant l'habitude twi.

iv) La graphie de l'anglais semble influencer, dans un petit nombre de cas, la réalisation de certains phonèmes : la réalisation fréquente [ɔ⁺f] de *of* y est peut-être attribuable, (comme elle l'est également chez les Français, qui pourtant ont /f/ et /v/ dans leur système), aussi bien que la réalisation [s] presque universelle du suffixe du pluriel des substantifs. L'omission de [j] à l'intervocalique dans des mots comme *staying* vient peut-être de l'absence de marque à l'écrit.

IV. LA PHONIE DU FRANÇAIS CHEZ LES TWI

Nous abordons maintenant l'analyse phonique du français parlé par nos informateurs. Malmberg présente les 16 phonèmes vocaliques et les 20 phonèmes consonantiques suivants :

Voyelles   orales   nasales

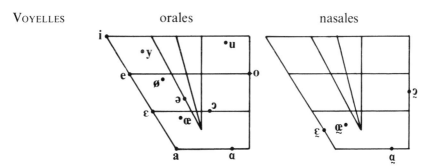

Ces phonèmes forment le système suivant :

	antér.		postér.			nasales	
	non-arr.	arr.				antér.	postér.
1	i	y	u	arron.		œ̃	ɔ̃
2	e	ø	o	non-arr.		ɛ̃	ɑ̃
3	ɛ	œ	ɔ				
4	a		ɑ				

Voyelle qui s'intègre mal dans le système : ə

Consonnes

	bilab.	lab. dent.	dent.	siffl.	chuint.	pal.	vél.
sourde	p	f	t	s	ʃ		k
sonore	b	v	d	z	ʒ		g
nasale	m		n			ɲ	
						j	

Consonnes qui s'intègrent mal ou pas du tout dans le système : l r w ɥ

Pour chaque phonème, nous donnons une description des réalisations principales rencontrées en français; ensuite nous passons aux faits de distribution qu'il y a à commenter. Nous essaierons de tirer des conclusions quant aux interférences qui jouent, dans le cadre de la description de chaque phonème. Là ou nos informateurs utilisent plus ou moins une réalisation indiquée par Malmberg, nous supposons ou bien que l'enseignement de cette réalisation a bien réussi, ou bien qu'elle est très proche d'une réalisation d'un phonème twi, ne posant donc pas de difficulté. Ce sont surtout les réalisations chez nos informateurs qui sont autres que celles décrites par MALMBERG, qui ont retenu notre attention. Nous donnerons le plus souvent les chiffres exacts pour le total des occurrences de chaque phonème dans le corpus, et le nombre de fois que les différentes réalisations ont été utilisées. Les pourcentages que nous présentons sont indiqués au moyen du nombre entier le plus proche.

Voyelles

/i/

Le /i/ du français est une voyelle antérieure fermée non-arrondie orale, la fermeture du canal buccal étant maximale, à la différence des /i/ anglais et twi, qui sont légèrement moins fermés et moins tendus.

Nos informateurs ont réalisé beaucoup de [iᵀ] aussi bien que des [i], l'emploi de [iᵀ] venant sans doute de l'influence du twi et de l'anglais, et aussi du fait que la plupart des professeurs de français, surtout d'origine britannique et ghanéenne, rarement française, auront probablement utilisé eux-mêmes [iᵀ]. Nous n'avons pas analysé à part les cas de [i] et de [iᵀ], mais les avons groupés ensemble, la différence entre les deux réalisations étant peu importante et semblant être sans intérêt.

Des 3.710 cas de /i/, 1.006 ne sont ni [i] ni [iᵀ], soit 27% du total. 85% de ces autres réalisations sont des [ɪ] relâchés.

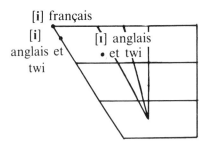

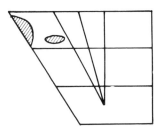

Réalisation principale de /i/ français, anglais et twi, et de /ɪ/ anglais et twi.

Réalisations les plus fréquentes de /i/ français, dans le corpus.

Le classement suivant en 6 catégories des cas de /i/ semble être le plus significatif :

	total des /i/ réalisés autrement que [i] ou [i͡]	
i) 2.098 mots (autre que *il*) avec /i/ en syllabe finale (exemple : *demi*) :	267	(13%)
ii) 654 cas de *il* :	251	(38%)
iii) 611 mots polysyllabiques à 1 seul /i/ non-final (exemple : *arriver*)	275	(45%)
iv) 165 mots polysyllabiques à 2 /i/ dont 1 non-final (exemple : *visite*)	89	(54%)
v) 76 mots polysyllabiques à 2 /i/ non-finaux, donnant 152 /i/ non-finaux (exemple : *université*)	102	(67%)
vi) 15 mots polysyllabiques à 3 /i/ dont 2 non-finaux, donnant 30 /i/ non-finaux (exemple : *difficile*)	22	(73%)

La proportion de réalisations autres que [i] et [i͡] attribuable à l'influence de l'anglais est intéressante :

catégorie	i)	8%
catégorie	ii)	0%
catégorie	iii)	55%
catégorie	iv)	40%
catégorie	v)	67%
catégorie	vi)	100%

Il s'agit de quasi-homonymes qui peuvent être aussi des quasi-synonymes dans les deux langues : des mots comme *ministre*, *visiter*, *université*, *littérature*, où le /ɪ/ de l'anglais est souvent utilisé en français également. On voit bien que l'influence de la prononciation anglaise est importante dans les catégories iii) à vi).

Catégorie i). Très peu de mots avec /i/ en syllabe finale ont été utilisés dans le corpus qui ont un équivalent anglais avec [ɪ] (un des rares cas est *film*), et on trouve assez peu de réalisations autres que [i] ou [i͡] dans cette catégorie. Parmi les 267 réalisations autres que [i] ou [i͡] de /i/ final, 30 sont dans des mots polysyllabiques comportant d'autres /i/ réalisés [ɪ], représentant donc peut-être une assimilation : *ici*, par exemple, est assez souvent prononcé [ɪsɪ]. 20 mots dans cette catégorie ont des correspondants en anglais : par exemple *film* [**fɪlm**]. Il y a d'autres cas d'assimilation : *église* [**egles**], *demi* [**dɛˈmɛˀ**]. Le /i/ final des jours de la semaine (*samedi* etc.) est régulièrement [ɪ], ceci allant de pair avec le fait que ces mots sont le plus souvent prononcés avec une accentuation anglaise, sur la première syllabe. Mais nous ne trouvons pas de vraie régularité dans l'ensemble des fautes et le chiffre de 13% du total est en tout cas peu important. Ce qu'il faut noter pour le français, c'est que même en laissant de côté les mots ayant un équivalent anglais, la proportion de réalisations en finale autres que [i] et [iᵀ] est toujours nettement moindre qu'en syllabe non-finale. Le Twi prononce donc plus facilement [i] en finale qu'ailleurs, et nous avons remarqué la même chose pour l'anglais également. Il tend aussi, dans les deux langues, à mettre l'accent sur la dernière syllabe (à part les jours de la semaine cités ci-dessus), et nous pensons voir un rapport entre la tension de l'accent et celle de /i/ — non pas en twi lui-même, mais au moment de transférer au français et à l'anglais les phonèmes twi /i/ et /ɪ/.

Catégorie ii). Nous trouvons qu'une bonne proportion des cas de *il* sont prononcés avec [ɪ]. Au début de notre enquête, nous avons considéré *il* comme un mot à /i/ final, mais il se comporte, du point de vue de sa réalisation, comme un mot à /i/ non final, et nous pensons que c'est ainsi qu'il faut le prendre. En twi, effectivement, les pronoms sujets se préfixent au verbe, le verbe plus préfixe formant un mot. La voyelle de tous ces préfixes est relâchée, et il semble probable que les Twi considèrent *il* aussi comme un préfixe qui forme la première partie d'un mot. Quand on compare les réalisations de *il* avec [i] et celles avec [ɪ], il est frappant de voir que *il* avec [ɪ] est toujours non-accentué, tandis qu'un bon nombre des [i] portent un accent : il pleuvait [ˈilplɵˈvɛ]. Ceci appuie notre hypothèse dans la section précédente concernant la réalisation [i] entraînée par l'accent.

Catégorie iii) -vi). Dans le cas des catégories iii) à vi), nous avons déjà remarqué l'influence importante de l'anglais. Ce qui nous frappe, c'est qu'on trouve tant de cas de mots à deux /i/, où le premier est [ɪ], résultant de l'influence de l'anglais, et où le deuxième est [i] en dépit du [ɪ] du mot anglais correspondant : *biscuit* [**bɪsˈkɥi**], *politique* [**pɔ⁺lɪˈtik**], etc., ceci étant de plus en conflit avec l'harmonie vocalique du twi. La même chose se révèle dans des mots n'ayant pas de correspondant anglais : sur les 13 cas de *midi*, 4 se prononcent avec [i-i], 4 avec [ɪ-ɪ], et 5 avec [ɪ-i]; parmi les 56 cas de *ici*, on trouve 26 avec [i-i], 10 avec [ɪ-ɪ], et 17 avec [ɪ-i]. Ce fait appuie encore une fois notre hypothèse concernant le [i] final accentué chez les Twi, en anglais comme en français : *happy* se réalise souven [**hapi**], *only* [**onli**], *chemistry* [ˈ**kɛmɪsˈt.ɹi**].

Nous devons expliquer le chiffre pour la catégorie vi), où l'on voit que toutes les fautes sont attribuables à l'influence de l'anglais. Cette catégorie comporte les mots à trois /i/, dont il n'y a pas beaucoup. Nous avons repéré 14 cas de *difficile*, et 1 cas de *civilisation* ; chez *difficile* nous trouvons les combinaisons suivantes :

[i-i-i] : 1   [ɪ-i-i] : 2   [ɪ-ɪ-i] : 6   [ɪ-ɪ-ɪ] : 2
[ɪ-i-ɪ] : 1   [i-i-ø͡ᶜ] : 1   [ʉ-i-i] : 1
[ɪ-ɪ-i] est donc bien la combinaison dominante.

/e/ /ε/ /ɛ/

Le phonème /e/ français est une voyelle antérieure mi-fermée, non-labialisée, orale ; elle a le même point d'articulation que le /e/ twi, étant légèrement plus tendue. Le /ɛ/ français a les mêmes traits que /e/, sauf qu'il est mi-ouvert. Le /ɛ/ twi est moins avancé que le /ɛ/ français. Le /e/ anglais a degré d'aperture entre celui de /e/ et de /ɛ/ français et twi.

La distinction entre /e/ et /ɛ a posé un problème dans notre enquête, car non seulement elle ne se fait guère chez nos informateurs, mais elle se maintient mal chez beaucoup de Français[1]. Mais si, en français, l'opposition /e/ ~ /ɛ/ est en train de disparaître, il y a certains contextes où [e] est toujours utilisé, et d'autres où on ne trouve que [ɛ]. Nous avons donc trouvé utile de diviser en trois groupes toutes les réalisations de /e/ et de /ɛ/, suivant Fernand MARTY[2], pour en faire une analyse uniquement phonétique : nous avons incorporé dans un premier groupe /e/, tous les mots dans notre corpus qui se terminent avec la graphie *-er* (sauf les cas où le *r* est prononcé), et *-é* ; dans un deuxième groupe /ɛ/, nous avons mis tous les [ɛ] en syllabe fermée ; et dans une troisième groupe /ε/ tous les autres cas de /e/ et de /ɛ/, beaucoup desquels peuvent être réalisés entre [e] et [ɛ]. De cette manière, nous avons pu analyser un groupe de /e/ homogène, qu'un Français réaliserait [e], et un autre groupe de /ɛ/ homogène. L'analyse du troisième groupe /ε/ porte sur les réalisations autres que celles entre [e] et [ɛ]. (Nous utilisons le symbole phonétique [ε] pour indiquer un timbre intermédiaire entre celui de [e] et celui de [ɛ].).

[1] MALMBERG, 1969, 43.
[2] MARTY, 1968, 5.

/e/

Sur les 1.313 cas de /e/, 243 sont autres que [e], soit 19%. Sur ces 243 cas, 170 (70%) sont des réalisations ouvertes, 34 (14%) sont fermées, 29 (12%) sont diphtonguées, le reste étant des cas divers.

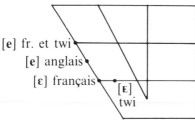

[e] fr. et twi
[e] anglais
[ɛ] français
[ɛ] twi

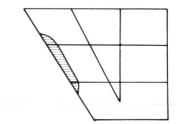

/e/ et /ɛ/ français et twi, et /e/ anglais.

Réalisations les plus fréquentes du /e/ français, dans le corpus.

Les cas de /e/ que nous étudions sont tous en finale de mot. Le chiffre de 81% de réalisations [e] indique que le Twi réussit assez bien à prononcer /e/ final. Il nous semble possible que l'harmonie vocalique (voir p. 77) joue dans le cas des réalisations ouvertes, qui sont presque toutes des [ɛ] ou des [ɛ]. On trouve par exemple *nationalité* [naᶜnaˉlıˈt⁽ʰ⁾ɛ], *assisté* [asısˈtɛ], où la séquence [ı-ɛ] est en accord avec l'harmonie vocalique, ce qui ne serait pas le cas si [ɛ] était remplacé par [e]. Nous ne savons pas si [ɛ] est ressenti plutôt comme tendu ou comme non-tendu par nos informateurs. Si non-tendu, des cas comme *université* [yˉnivɛsıˈt⁽ʰ⁾ɛ] et *visiter* [vısıˈtʰɛ] sont aussi en accord avec l'harmonie vocalique du twi. La grande majorité des réalisations ouvertes de /e/ final sont précédées d'une voyelle non-tendue.

Nous n'avons pas d'explication générale pour les 34 réalisations fermées, qui comprennent par exemple *a donné son argent* [aˉˈdɔ⁺ne⁺sø̞ˈnaˉʒa̞]. *Elle a arrivé* [ɛlaˉaˉɹe⁺ˈve⁺] semble être un cas d'assimilation, le premier [e⁺] pour /i/ venant peut-être de l'influence de la position non-finale. Les diphtongues de /e/, fort variées, sont presque toutes dans un contexte où il y a une pause qui suit, et sont typiques de la tendance du Twi à diphtonguer là où il hésite en français.

/ɛ/

Des 1.890 cas; 293 sont réalisés autrement que [ɛ], soit 16% du total. Ces 293 cas comportent 129 réalisations très fermées (44%), 60 très ouvertes (20%), 59 arrondies ou centralisées (20%). 19 diphtongues (6%), 15 postérieures (5%), et 11 omissions (4%).

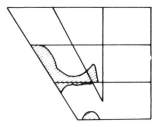

Réalisations les plus fréquentes
du /ɛ/ français, dans le corpus.

Un bon nombre des réalisations fermées sont en syllabe finale : nous avons trouvé par exemple des *père* [pʰɛʁ], des *mère* [mɛɹ], des *humaine* [yˈmɛ˔:n], ce qui nous fournit encore un exemple de l'utilisation en syllabe finale de réalisations tendues plutôt que non-tendues. Ces réalisations fermées sont rarement le résultat d'assimilations : nous avons trouvé *arrêté* [a⁻ɹeˈte], mais presque pas d'autres.

Parmi les réalisations centralisées, nous avons remarqué un nombre assez important de cas dus à une assimilation, et surtout à l'influence de l'anglais : *qu'est-ce que c'est* [kəskəsɛ], *quelque chose* [kəkəɕu⁺z] (assimilation de la première voyelle à la deuxième); *avertir* [a⁻vɹˈtʰi], *infernal* [i̱nfɜˈna⁻:], *international* [æ̱tənæsjəˈnɑ:]. Mais beaucoup des réalisations de /ɛ/ semblent venir simplement du fait que le Twi n'a pas acquis de critère net qui lui permette de bien choisir entre /e/ et /ɛ/. Il n'a pas appris la prononciation exacte de tous les mots, donc il hésite entre une prononciation et une autre. On trouve quelquefois un vrai flottement de réalisation pour un mot donné chez le même informateur, sans qu'il y ait nécessairement une influence venant du contexte. (Ceci est vrai pour d'autres phonèmes aussi.) Chez un informateur nous avons trouvé par exemple *ma mère n'a pas* [ma⁻ˈmɛɹna⁻ˈpa⁻], et un peu plus loin *ma mère a dit que* [ma⁻ˈmɛɹa⁻ˈdikə], tous les deux en début de phrase. Mais le plus souvent, le même mot est prononcé plus ou moins de la même façon : un informateur a utilisé 3 fois le mot *expression*, réalisé [akspɹɛˈsjɔ̰⁻], [axɸɹɛˈsjɑ̰] et [axɸɹɛˈsjɑ̰], où le premier /ɛ/ est toujours [a].

/ɛ/

Nous avons trouvé 3.992 cas, dont 519 qui sont réalisés autrement qu'entre [ɛ] et [e], soit 13%. Il y a donc un peu moins de problèmes pour la réalisation de /ɛ/ que de /ɛ/ ou de /e/, venant sans doute des possibilités de réalisation plus étendues de cette unité. Le chiffre de 13% est d'ailleurs assez peu important, et les réalisations y comprises ne révèlent pas de régularité. 209 d'entre elles (40%) sont des réalisations très fermées, 205 (39%) sont très ouvertes, 71 (14%) sont centralisées ou arrondies, et il y a 44 diverses autres réalisations.

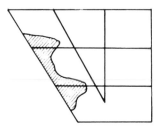

Réalisations les plus fréquentes
du /ɛ/ français, dans le corpus.

Assez peu des réalisations autres que celles entre [ɛ] et [e] sont en finale, surtout parce que peu de mots se terminent en /ɛ/. Nous considérons *et* et *mais* comme faisant partie de cette catégorie. Chez *mais* il n'y a pas de problèmes, mais *et* donne une bonne quantité de diphtongues, surtout là où l'informateur hésite. En non-finale il y a beaucoup d'interférence venant, sans doute, de l'anglais : *cinéma* a presque toujours [ɪ] ou [i] comme deuxième voyelle, la première voyelle étant dans presque tous les cas [ɪ]; *différent* a le plus souvent [ə] comme deuxième voyelle — bien que /ə/ français soit le plus souvent réalisé [ɛ] ou plus fermé; *préférer* a normalement [ə] comme première voyelle; *découvert* devient [dɪkʊˈvɛ̞ə].

/e/, /ɛ/, et /ɛ/ ne semblent donc rien révéler de particulier, mais appuient plutôt certaines constatations que nous faisons à propos d'autres voyelles, à savoir qu'on trouve des assimilations de type non-français, qu'on trouve des réalisations influencées par la prononciation anglaise de mots correspondants anglais, que la réalisation peut dépendre de la position du phonème dans le mot, et qu'on trouve bon nombre de réalisations qui semblent plus ou moins arbitraires, venant d'un mauvais apprentissage de la langue.

/a/

Ce phonème est une voyelle antérieure ouverte non-labialisée orale, étant plus avancée que le /a/ twi. Dès le début de notre analyse, nous avons remarqué qu'il y avait très peu de flottement dans la réalisation de ce phonème, qui est le plus souvent [a⁻], quelquefois [a], et très rarement autre chose. La haute fréquence de [a⁻] vient du fait que c'est la réalisation du /a/ twi. Après avoir fait le compte de tous les /a/ chez 23 informateurs, trouvant toujours cette même régularité, nous avons renoncé à aller plus loin, et pour les 39 autres informateurs nous avons simplement relevé les réalisations autres que [a] et [a⁻]. La moyenne de ces réalisations autres que [a] et [a⁻], par informateur, est de 3,6 pour l'un et l'autre des deux groupes, montrant ainsi une régularité absolue. Chez les 23 informateurs, nous avons compté 2.841 /a/, comportant 470 [a] (16%), 2.289 [a⁻] (81%), et 82 autres (3%). Avec les 133 fautes du deuxième groupe d'informateurs, nous avons un total de 215 réalisations autres que [a] et [a⁻].

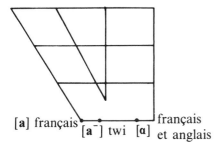

[a] français [a⁻] twi [ɑ] français et anglais

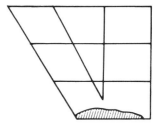

Réalisation principale de /a/ français et twi, et de /a/ français et anglais.

Réalisations les plus fréquentes du /a/ français, dans le corpus.

Si nous trouvons toujours des assimilations et des cas d'influence de l'anglais : *un ami* [ænæˈmi], *ambassadeur* [a⁻ₘbaˉsəˈdœ.], *radio* [ɹedˈjɵ], beaucoup de ces 215 réalisations semblent être simplement des flottements plus ou moins au hasard. 99 en sont [ɑ] ou [ɑ⁺], étant donc proches de [a⁻]; ces cas ne sont pourtant pas dans un contexte où le /ɑ/ français pourrait se trouver : *travailla avec son oncle* [tɹavaˉˈjaˉɑˈveksɑ̯nˈạkl̩], *le samedi soir* [ləˈsɑ.mdɪˈswaˉ.ɹ].

/ɑ/

Ce phonème est une voyelle postérieure non-arrondie orale. Nous n'avons trouvé personne qui fasse la distinction /a/ ~ /ɑ/. Dans les cas où l'on pourrait trouver /ɑ/ chez un Français, la réalisation dans notre corpus est presque toujours [a⁻], et les cas de [ɑ] que nous avons constatés sont, nous venons de le dire, au hasard. Nous posons donc l'existence d'un seul phonème oral ouvert pour les Twi qui parlent français.

L'explication en est sans doute, en partie qu'en twi il n'y a qu'une seule voyelle orale ouverte, en partie à cause de la langue maternelle des professeurs de français au Ghana. Ceux-ci ont été jusqu'à récemment presque tous des Anglais; mais maintenant on trouve de plus en plus des Ghanéens, avec un petit nombre d'Africains francophones, et avec désormais quelques rares Français. Si la distinction /a/ ~ /ɑ/ n'a pas été enseignée, ce sera presque toujours parce que les maîtres ne la font pas eux-mêmes.

/ɔ/

Ce phonème est une voyelle postérieure mi-ouverte arrondie orale, mais qui se réalise plus avancée que le /ɔ/ twi, et nettement plus avancée que le /ɔ/ anglais. Nous avons transcrit la réalisation du /ɔ/ français [ɔ⁺⁺], celle du /ɔ/ twi [ɔ⁺], et celle de la voyelle anglaise [ɔ]. Parmi les cas dans notre corpus que nous avons transcrits [ɔ⁺⁺], il y en a qui sont très avancés, une réalisation mi-antérieure de ce phonème devenant fréquente en français[3]. Nous ne savons pas quelle est l'influence qui entraîne de telles réalisations avancées chez nos informateurs. Comme pour /a/, et pour la même raison — que nous avons vite trouvée, pour /ɔ/, une régularité de réalisation chez les différents informateurs — nous avons fait le compte de tous les cas de ce phonème chez 23 de nos 62 informateurs, ne comptant, chez les 39 autres, que les réalisations distinctes de [ɔ⁺] et [ɔ⁺⁺]. Le corpus des 23 informateurs donne 686 cas de /ɔ/ : 431 (63%) se réalisent [ɔ⁺]; 81 (12%) se réalisent [ɔ⁺⁺] ou encore plus avancés, laissant 165 (24%) d'autres réalisations. Ce dernier chiffre donne une moyenne de 5 cas par informateur, ce qui est aussi la moyenne pour les 39 autres informateurs. Le total de ces réalisations autres que [ɔ⁺] et [ɔ⁺⁺] pour l'ensemble des 62 informateurs est de 292. On peut donc dire que la réalisation normale de cette voyelle par les Twi est [ɔ⁺], timbre de la voyelle twi la plus proche, et que l'articulation avancée du français est rarement atteinte.

Nous avons reconnu, dans le cas de certains mots, un problème de choix entre /ɔ/ et /o/. Parmi les 292 cas autres que [ɔ⁺] et [ɔ⁺⁺], 105 sont des [ɔ⁺], [o], [o⁺] etc., dont certains pourraient sans doute être utilisés par des Français; car dans certains mots, par exemple, ceux commençant par rétro-, on trouve et /ɔ/ et /o/ chez les Français. Ces réalisations fermées peuvent aussi s'expliquer par la graphie : celle

---

[3] Voir : C'est Jeuli, le Mareuc, dans MARTINET, 1969, 191-208.

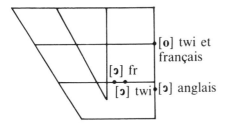

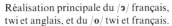

[o] twi et
français

[ɔ] fr

[ɔ] twi [ɔ] anglais

Réalisation principale du /ɔ/ français,
twi et anglais, et du /o/ twi et français.

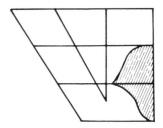

Réalisations les plus fréquentes de /ɔ/
français, dans le corpus.

du twi utilise *ɔ* pour /ɔ/, et *o* pour /o et /ʊ/. Donc la graphie française *o* ne correspond pas nécessairement à /ɔ/ français dans l'esprit d'un Twi. Mais, une fois de plus, il nous semble que beaucoup des réalisations utilisées viennent en partie d'assimilations, en partie de l'influence de l'anglais, et en partie d'une connaissance insuffisamment sûre de la prononciation du français. *hypocrite* [ipoˈkɹi.t] au lieu de [ipɔ⁺⁺kʁit] semble être un exemple de l'harmonie vocalique du twi, comme *propose* [pɹoˈpo.z] au lieu de [pʁɔ⁺⁺poz]. *programme* [pɹoˈgɹa̅m] au lieu de [pʁɔ⁺⁺gʁam] viendrait plutôt de l'anglais, comme *information* [a̲˗fəˈma̅sjo̲] pour [æfɔ⁺⁺ʁmasjo̲], et *nationalité* [na̅çna̅lıˈt⁽ʰ⁾ɛ] pour [nasjɔ⁺⁺nalite].

Beaucoup des 83 réalisations très ouvertes sont [ɒ], influence peut-être de l'anglais, bien que, le plus souvent, le Twi utilise la même réalisation [ɔ⁺] pour le /ɒ/ anglais que pour le /ɔ/ français. *comme*, *homme*, et *sommes* sont fréquents parmi les cas de [ɒ], *homme* se réalisant aussi [ɑm] et encore plus avacé. Il y a 31 [ɔ], timbre du /ɔ/ anglais, utilisé quelquefois là où la graphie anglaise et française peut être rapprochée : *or* en anglais représente /ɔ/, d'où peut-être *encore* [ɑ̲ˈkɔ:], *d'abord* [daˈbɔ:].

/o/

/o/ est une voyelle postérieure mi-fermée arrondie orale, ayant le même point d'articulation que le /o/ du twi, celui-ci étant légèrement moins tendu. Nous avons compté 737 cas de /o/, dont 223 autres que [o], [o⁺] ou [ɵ] (30%). Nous avons remarqué beaucoup de [o⁺] et de [ɵ] : des réalisations avancées étant fréquentes chez les Français, nous constatons la même tendance chez les Twi. Cette tendance est surtout évidente dans le contexte consonne apicale ou palatale plus /o/. Nous signalons la même tendance chez les Twi à l'égard de /u/ en français et en anglais. Les autres réalisations comportent 110 très ouvertes, 79 très fermées, 9 diphtongues, et 25 de divers autres types.

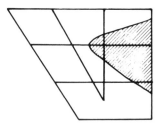

Réalisations les plus fréquentes
du /o/ français, dans le corpus.

Il nous a semblé qu'il y avait une régularité possible dans les réalisations de /o/ dans certains mots et dans certains contextes, et nous donnons des chiffres pour certains mots fréquents :

	nombre de cas	nombre de réalisations autres que [o], [o⁺], [ɵ]	nombre de [o⊤] ou plus avancé	nombre de [o⊥] ou plus avancé
beaucoup	144	58	23	19
au	112	15	11	2
chose	86	12	3	9
autre	52	8	5	1
aussi	51	13	7	4
faut	37	13	12	1
Noël	31	21	2	17
-o, -aux	22	12	3	9
0 (exl.)	20	5	4	0
trop	17	9	2	7
auteur	12	7	3	1
Côte d'Ivoire	9	3	1	2
à cause de	8	6	6	0
pauvre	5	3	2	0

Dans la plupart des cas, la tendance est nettement vers [o⊤], mais on voit mal pourquoi, sauf dans *à cause de*, où le [ɔ⁺] normalement utilisé vient certainement du /ɔ/ anglais réalisé [ɔ⁺] par les Twi. Deux des cas où le Twi préfère [o⊥] sont intéressants : la prononciation la plus fréquente de *Noël* est [nʊ̈ʷɛl], la voyelle relâchée rétablissant l'harmonie vocalique du twi, la fermeture de la voyelle venant probablement de l'influence du [w] de transition que les Twi ont tendance à intercaler. Puis, le /o/ final de mots comme *animaux*, *radio*, tend nettement à se fermer, phénomène que nous avons déjà signalé pour d'autres voyelles (/ɪ/ anglais, /ɛ/ français), et qui semble jouer aussi pour *chose* et pour *trop*. De toute façon, la grande majorité de ces réalisations sont relâchées, ou bien autour de [ɔ⁺], ou bien autour de [ʊ], mais ce n'est que dans *Noël* et *beaucoup* que l'harmonie vocalique semble jouer un rôle évident. Ce rôle paraît important pour *beaucoup*. Sur les 144 cas du mot, nous avons constaté 119 cas où la tension des 2 voyelles nous semble être la même : 96 avec les 2 voyelles tendues, et 23 avec les 2 voyelles relâchées. Là où le /u/ est [ʊ], nous trouvons le plus souvent le /o/ réalisé [ʊ] ou [ɔ⁺]. Il y a 9 cas de [bʊkʊ]. Donc, on peut dire que la tension du /o/ va de pair avec celle du /u/, mais nous ne savons pas pourquoi le Twi choisit quelquefois [ʊ], quelquefois [ɔ⁺]. Certains informateurs utilisent les deux, la majorité pourtant se limitant à l'un ou à l'autre. La tentation à prononcer /o/ [ʊ] est sans doute aggravée par la graphie du twi, où /o/ et /ʊ/ sont tous les deux représentés par *o*.

/u/

Ce phonème est une voyelle postérieure fermée arrondie, étant un peu plus fermée que /u/ anglais, et un peu plus postérieure que /u/ twi, Notre corpus comprend 1.451 /u/, dont 339 (23%) se réalisent autrement que [u], [u⁺] ou [ʉ]. Comme pour /o/, il y a beaucoup de réalisations avancées, surtout en contexte apical et palatal ; de telles réalisations sont assez typiques du français, car nous avons remarqué que les Français utilisent assez souvent un /u/ avancé (deux fois dans *toujours* par exemple). Les 339 autres réalisations comportent surtout des réalisations ouvertes : [ʊ] et [o], et aussi un nombre de [y].

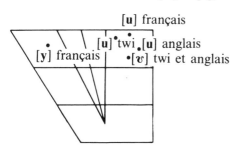

Réalisation principale du /u/ français,
twi, et anglais, du /ʊ/ twi et anglais,
et du /y/ français.

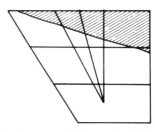

Réalisations les plus fréquentes du /u/
français, dans le corpus.

4 mots comptent pour plus de la moitié des cas de /u/ : *nous* (360), *pour* (165), *beaucoup* (144), et *tout* (79).

nous Parmi les 360 cas, on trouve 51 réalisations ouvertes (14%), 4 très avancées, et 7 autres. 37 des réalisations ouvertes sont relâchées, les autres étant [o]. La probabilité que le Twi, s'il ne prononce pas *nous* avec [u], [u⁺] ou [ʉ], le prononce de façon ouverte et relâchée, pourrait être due au même facteur qui joue dans le cas du relâchement de *il* que nous avons déjà vu (p. 54) : les pronoms préfixes ont une voyelle relâchée en twi. *il* a toujours cette position avant le verbe en français, mais *nous* se trouve aussi indépendamment du verbe : *avec nous*. L'interférence venant du twi pourrait donc être moins que dans le cas de *il*, et c'est cela que montre les chiffres. Mais on ne peut pas être sûr que ce soit l'explication de ces chiffres, car si on va prononcer *nous* avec une voyelle autre que [u] ou [u⁺] avancé, on choisira de toute façon une voyelle plus ouverte, [u] étant la plus fermée possible.

pour La tendance est également vers une articulation plus ouverte. Des 165 cas de *pour*, 66 sont autres que [u] (40%). Il faut remarquer que le /r/ de ce mot est presque toujours omis. 46 des 66 cas sont des réalisations ouvertes, allant de [uᵀ] à [o], avec 26 [ʊ]. *pour* est toujours sans accent, prononcé sans beaucoup de force. Il y a un seul cas de [y], mais il y en a 19 que nous avons notés [uᶜ], indiquant également un relâchement de tension, mais des lèvres plutôt que de la langue. Il y a quelques cas de [uᶜ] chez *nous* et chez d'autres mots aussi.

beaucoup Nous avons déjà parlé de ce mot dans la section sur /o/ (p. 63). Dans 54 des 144 cas du mot (38%), la deuxième voyelle est autre que [u] ou [u⁺], et donne 35 cas de [ʊ]. Comme nous l'avons dit, cette tendance vers un relâchement va peut-être de pair avec la réalisation du /o/ de la première syllabe.

tout Ce mot est prononcé, comme par un Français, avec un /u/ avancé. Parmi 87 *tout*, nous avons noté 6 [u], 27 [u⁺], et 34 [ʉ]. Des 20 autres, 14 sont [y], et 6 sont ouverts. Donc, peu de problèmes pour *tout*, sauf une tendance à beaucoup avancer la langue.

Parmi les autres mots avec /u/, pour *retourner* on trouve quelques cas de [ɜ], venant de la voyelle anglaise dans *return* [ɹɪ'tʰɜːn]. *nourriture* a presque toujours une première voyelle [ʊ], une deuxième [ɪ], et une troisième [y] ou [u], rappelant les cas de mots à plusieurs /i/ où ce n'est normalement que le dernier qui est tendu (p. 54). *écouter* et *écoute* donnent les combinaisons suivantes de voyelles :

2 fois [**e-u-e**]
1 fois [**e-u**]
1 fois [**ɪ-ʊ**]
1 fois [**ɛ-ʊ**]
1 fois [**ɛ-ʊ-ɛ**]

Ces réalisations suivent bien l'harmonie vocalique du twi. On peut dire en gros, pour le reste des mots avec /**u**/, que les réalisations autres que [**u**], [**u⁺**] et [**ʉ**] se trouvent surtout en syllabe non-finale, et que, pour /**u**/ en général, comme pour /**i**/, la syllabe finale accentuée est le plus souvent tendue [**u**], les syllabes non-finales et non-accentuées étant assez souvent [**ʊ**] (voir page 34).

/**y**/

Ce phonème est une voyelle antérieure fermée arrondie orale. Aucun phonème /**y**/ n'existant en twi, on peut attendre des problèmes avec le /**y**/ du français, et on en trouve : parmi les 585 réalisations de /**y**/, 339 sont autres que /**y**/ (58%). /**y**/ est le plus souvent réalisé comme /**u**/, avec toute une gamme de [**u**] et de [**ʊ**] plus ou moins avancées : 208 des 339 réalisations autres que [**y**] sont postérieures à [**y**]. Dans 96 cas, pourtant, il est plutôt comme /**i**/ ou /**ɪ**/, souvent avec un léger arrondissement des lèvres. Nous avons trouvé 25 diphtongues, dont la moitié sont suivies d'une pause ou hésitation, les autres étant à l'initiale. Celles-ci représentent presque toujours une tentative à réaliser [**y**], en commençant par [**i**] ou [**ɪ**] et en passant directement à [**u**], [**ʉ**], [**ʊ**], et quelquefois [**y**].

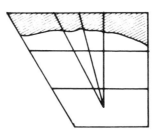

Réalisations les plus fréquentes
du /**y**/ français, dans le corpus.

Nous avons voulu voir s'il y avait des contextes favorisant l'une ou l'autre des quatre tendances principales : monophtongue antérieure arrondie, monophtongue antérieure non-arrondie, monophtongue postérieure, et diphtongue ; donc, nous avons étudié tous les mots comportant /y/, cherchant les réalisations dans les contextes indiqués dans le tableau ci-dessous, qui donne les résultats suivants :

	nombre de cas	[y]	[u]/[ʊ]	[i]/[ɪ]	diph-tongues	autres
initiale absolue	188	99(53%)	35(18%)	41(22%)	13(7%)	0
syllabe ouv. non-init., non-finale	167	74(44%)	54(32%)	27(16%)	2(1%)	10(6%)
syllabe fermée en finale	63	30(48%)	28(44%)	5(8%)	0	0
finale absolue	167	43(26%)	91(54%)	23(14%)	10(6%)	0
	585	246(42%)	208(36%)	96(16%)	25(4%)	10(2%)

On voit d'abord que, dans les trois premiers contextes, la réalisation est [y] dans à peu près la moitié des cas, tandis qu'à la finale absolue, elle ne l'est qu'une fois sur quatre. Donc la prononciation de [y] semble plus difficile à la finale absolue qu'ailleurs ; dans cette position, il est normalement remplacé par une réalisation postérieure. A l'initiale absolue, une réalisation dans la région de [i] est plus probable qu'une réalisation postérieure ; ailleurs, [i] est beaucoup moins probable. Et [i] en syllabe fermée à la finale est très rare.

Les mots avec /y/ initial comportent 154 *une*, pour lesquels les chiffres sont presque identiques que pour les autres mots, sauf qu'il y a 21% de [i] etc. contre 28% pour les autres mots commençant par /y/. Cette réduction dans le nombre de [i] est compensée par des diphtongues, les diphtongues initiales se trouvant uniquement chez *une*.

A l'initiale de mot, le twi n'a ni /i/, ni /ɪ/, ni /u/, ni /ʊ/ (voir p. 39). A la finale, tous figurent. Pour l'instant, nous ne trouvons pas d'explication pour la divergence de prononciation de /y/ dans ces contextes, le premier desquels donne le plus souvent [y] ou une forme avancée non-arrondie, le deuxième donnant le plus souvent une forme plus postérieure et arrondie. L'explication pour la prépondérance de réalisations postérieures sur les antérieures est probablement que c'est plutôt le trait d'arrondissement que celui d'antériorité qui est perçu, le phonème français étant donc assimilé au phonème le plus proche du twi, c'est-à-dire /u/ ou /ʊ/. Nous trouvons un appui à cette hypothèse dans notre discussion de /ø/ et de /œ/.

/ø/ et /œ/

/ø/ est une voyelle antérieure mi-fermée arrondie orale, ayant le même point d'articulation que /e/. /œ/ est réalisé avec la même articulation que /ø/, à part l'aperture, /œ/ étant mi-ouvert.

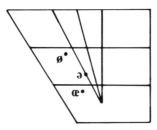

Réalisation principale du /ø/,
/œ/ et /ə/ français.

Ces deux phonèmes pourraient très bien poser autant de problèmes pour le Twi que /y/, puisque le twi ne connaît aucun phonème vocalique antérieur arrondi. Il n'y a en plus aucun phonème twi ayant une réalisation [ø] ou [œ]. Nous trouvons en fait que ces sons sont beaucoup plus difficiles même que [y], dans les deux cas 73% des réalisations étant autres que [ø] ou [œ]. Il se trouve que nous avons relevé le même nombre de cas chez nos informateurs pour les deux phonèmes — 304 pour chaque. /ø/ et /œ/ donnent une quantité énorme de réalisations différentes, que nous avons trouvé utile de classer exactement de la même façon dans les deux cas, prenant comme premier critère l'arrondissement ou non-arrondissement des lèvres, et comme deuxième critère la position de la langue — antérieure, ou postérieure. Puisque nous avons trouvé beaucoup de cas de [ɛ'], [e'], [ɪ'], etc., antérieurs et moins arrondis que [ø] et [œ], nous classons ces cas comme des antérieurs mi-arrondis. Les cas de [ɛ⁻], [e⁻], etc. sont classés comme des mi-antérieurs non-arrondis. La réalisation de ces voyelles étant si difficile pour les Twi, nous n'avons pas essayé de savoir si on utilise plutôt [ø] que [œ] dans un mot donné, ce qui serait l'essentiel d'une étude auprès d'informateurs français, mais de trouver les grandes lignes des autres réalisations auxquelles nos informateurs aboutissent par leurs efforts. Voici donc les chiffres pour les deux voyelles en question :

/ø/

antér.	non-arrondi mi-antér.	post.	antér. mi-arrondi	arrondi antér. arrondi	post.
38	59	11	23	86	87
13%	19%	4%	8%	28%	29%
	108(36%)			196(64%)	

total : 304

/œ/

antér.	non-arrondi mi-antér.	post.	antér. mi-arrondi	arrondi antér. arrondi	post.
127	32	3	50	80	12
42%	11%	1%	16%	26%	4%
	162(53%)			142(47%)	

total : 304

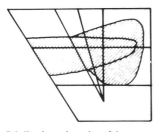

Réalisations les plus fréquentes du /ø/ français, dans le corpus.

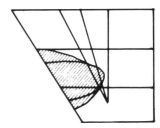

Réalisations les plus fréquentes de /œ/ français, dans le corpus.

Le premier fait que révèle la comparaison de ces tableaux est que /ø/ est le plus souvent réalisé arrondi, et /œ/ non-arrondi. Le deuxième fait est que 1/3 des /ø/ sont postérieurs, et seulement 1/20 des /œ/. Par contre, si 1/5 des /ø/ sont antérieurs, presque 3/5 des /œ/ le sont. On constate donc que les Twi ont beaucoup de difficulté à prononcer [œ] et [ø], et que [ø] semble être perçu comme arrondi, étant le plus souvent assimilé aux voyelles arrondies du twi, c'est-à-dire les postérieures, tandis que pour [œ] le trait d'arrondissement est beaucoup moins perceptible, l'articulation en étant assez ouverte, et c'est le trait d'antériorité qui l'emporte, entraînant une assimilation aux voyelles antérieures du twi. Ceci va dans le sens de ce que nous avons remarqué pour /y/, où c'est le trait d'arrondissement, très marqué dans ce cas-ci, qui l'emporte. Nous disons exprès assimilations aux voyelles «antérieures» ou «postérieures» du twi, en général, car si la réalisation postérieure de /ø/ est souvent [o] ou [o⁺] avancé, nous trouvons aussi toutes sortes de [ɔ], [ʋ] et [u]. Il en est de même pour les réalisations antérieures des deux phonèmes.

Nous pouvons citer quelques mots assez fréquents qui comportent ces phonèmes, les mettant en forme de tableau :

/ø/

	antér.	mi-antér.	postér.	total
veux	3	23	29	55
peut	15	24	11	50
deux	4	19	13	36
dieu	6	19	12	37
monsieur	28	18	12	58

veux paraît aberrant en ce qu'il montre une proportion si élevée de réalisations postérieures, surtout si on le compare à *peut*. Nous ne savons pas la signification de cette différence. Dans le cas de *monsieur*, nous avons une proportion très élevée de réalisations antérieures, venant certainement d'une assimilation à la premiere voyelle du mot, qui se réalise le plus souvent [ɪ]. Ce mot, utilisé si fréquemment en classe et dans la vie, reste très mal prononcé chez tous nos informateurs, ce qui montre les difficultés qu'il entraîne. (Il faut dire également que le fait que ce mot, dans son emploi habituel de forme d'adresse, est très peu informatif, doit encourager une prononciation négligée).

/œ/

	antér. non-arrondi	antér. arrondi	postér.	autre	total
heure	35	15 (dont 11 chez 1 seul informateur)	0	0	50
demeure	19	15	1	1([a])	36
seul	13	7	3	0	23
jeune	3	19 (dont 15 chez 1 seul informateur)	2	3([ɑ])	27

On voit ici comment un seul informateur qui prononce bien le français peut fausser les chiffres. Les chiffres pour ces mots montrent en partie un fait qui semble être très significatif : qu'il faut distinguer entre les mots en -*eur* et les autres mots avec /œ/. Voici les chiffres pour l'ensemble des cas de /œ/ :

	-eur					autres /œ/				
antér. non-arrondi	antér. arrondi	post.	autre	total		antér. non-arrondi	antér. arrondi	post.	autre	total
155	50	2	1	208		31	46	10	5	92
75%	24%	1%				34%	50%	11%	5%	

Les mots en -eur sont donc deux fois plus difficiles à prononcer que les autres, en pratique toutes les réalisations autres que [œ] étant antérieures et non-arrondies : 83 sur les 155 antérieures sont [ɛ]. Il faut noter aussi que -eur est presque toujours prononcé sans consonne finale, mais souvent avec voyelle longue. La voyelle de *seul* se comporte plutôt comme celle de -eur que comme les autres ; on dirait que le Twi ressent une similarité entre /r/ et /l/, mais notre analyse de ces deux phonèmes (p. 26 et p. 91) n'appuie pas cette hypothèse.

/ə/

Malmberg définit /ə/ comme une voyelle antérieure mi-ouverte arrondie orale, donnant donc la même définition que pour /œ/. Il dit, pourtant, que là où /ə/ et /œ/ se réalisent de façon différente, /ə/ a un point d'articulation un peu plus reculé, et une labialisation un peu moins énergique. Les résultats de notre analyse de ces deux phonèmes indiquent que nos informateurs entendent une légère différence entre eux, surtout en ce qui concerne la labialisation. Il est tout à fait possible que les professeurs de français au Ghana, anglophones, utilisent eux-mêmes un [ə] assez peu arrondi en français.

Nous posons un phonème /ə/ distinct des autres voyelles françaises pour une raison purement pratique : si nous reconnaissons le caractère distinctif tout à fait marginal de /ə/, et le fait qu'un Français utilise [ə] presque uniquement pour faciliter l'articulation de groupes de consonnes, il reste vrai que /ə/ est considéré par les professeurs de français au Ghana comme une unité distinctive, et qu'il est enseigné comme tel.

Nous n'avons pas analysé à part les réalisations [œ] et [ø] de /ə/, nous limitant à celles qui sont plus éloignées de [ə]. Quand nous parlons de réalisations dans la région de [ə], nous y comprenons [œ] et [ø]. Notre justification pour ceci est la diversité d'utilisation des phonèmes /ø/, /œ/ et /ə/ chez les Français eux-mêmes. Nous avons pris en considération tout /ə/ qui, caduc en français, ne l'est pas chez nos informateurs, et qui pourrait être réalisé dans un français très lent et très soigné : dans des mots comme *regarder*, *promener*, dans l'article *le* et les autres monèmes grammaticaux monophtongues avec /ə/. Nous n'avons pas retenu dans nos chiffres des cas de *e* final qui ne seraient guère prononcés par un Français, comme dans *marche*, *juge*.

Nous avons relevé 2.844 cas de /ə/, dont 1.424 sont dans la région de [ə] (50%). Parmi les 1.420 autres, il y a quelques rares articulations dans la région de [ɑ] et de [y], mais presque toutes se regroupent d'après les traits d'antériorité/postériorité : 1.226 sont antérieures (86%), 172 postérieures (12%). Une réalisation antérieure non-arrondie est donc la norme pour /ə/ réalisé autrement que [ə], comme elle l'est également pour le /ə/ anglais (p. 36). Le tableau suivant montre la répartition de ces antérieures :

autour de [a]	9	1%	
autour de [ɛ]	320	26%	dont 92 légèrement arrondis
entre [ɛ] et [e]	75	6%	dont 8 légèrement arrondis
autour de [e]	347	28%	dont 38 légèrement arrondis
autour de [ɪ]	344	28%	dont 43 légèrement arrondis
autour de [i]	46	4%	dont 4 légèrement arrondis
[ə⁺]	85	7%	

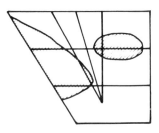

Réalisations les plus fréquentes
de /ə/ français, dans le corpus.

Le Twi utilise donc une de ses propres voyelles antérieures, choisissant surtout, et en nombre presqu'égal, ou [ɛ] ou [e] ou [ɪ]. Il peut lui ajouter un léger arrondissement des lèvres. Il a une nette préférence pour une voyelle relâchée, [ə] étant sans doute perçu comme relâché. La préférence pour [e] et [ɪ] pourrait très bien venir de la graphie du twi, /e/ et /ɪ/, aussi bien que /ə/ français, étant représentés par *e*.

Les réalisations postérieures sont surtout des [o] avancés, et des [ʊ] et avancés et non-avancés : 79 de ceux-là, 42 de ceux-ci. Nous avons cherché un conditionnement pour le choix de postérieur plutôt que d'antérieur, mais sans trouver rien de concluant. *Devoir* (substantif) apparaît 16 fois : 2 fois la voyelle est [ə], 8 fois elle est avancée, et 6 fois elle est retirée — proportion beaucoup plus élevée que pour l'ensemble des /ə/ (43% des réalisations autres que [ə] de *devoir* contre 12% pour l'ensemble). D'autres mots montrant une proportion de postérieurs assez élevée sont *repas* (33%), *devenir* (premier /ə/) (29%), *demander* (24%), *demeurer* (18%) et *revenir* (premier /ə/) (14%). Le nombre de cas de ces mots est pourtant trop limité pour qu'on puisse savoir si ces chiffres sont valables : il n'y a que 14 cas de voyelle postérieure pour ces seuls 5 mots. On remarque que dans tous ces mots le /ə/ est suivi d'une consonne labiale, et de deux labiales dans le cas de *devoir*. On peut penser que ce contexte labial entraîne une labialisation de la voyelle, d'où une voyelle postérieure, mais la preuve en manque. Le plus grand nombre de réalisations postérieures se trouve chez l'article *le* : sur les 513 cas, 175 sont autres que [ə], dont 62 postérieures, soit 35% de ces autres réalisations. Mais l'analyse que nous avons fait de *le* chez 17 informateurs qui utilisent 45 de ces réalisations postérieures, ne montre ni qu'un contexte labial leur soit plus favorable qu'un autre, ni qu'une voyelle postérieure suivante les conditionne. Il semble plutôt, dans le cas de *le*, qu'une minorité d'informateurs ont une tendance à utiliser de temps à autre une voyelle postérieure, tendance qui ne se trouve guère chez les autres, et qui est de toute façon beaucoup plus faible que celle à utiliser une réalisation antérieure.

Nous indiquons les réalisations les plus usuelles pour certains mots fréquents :

je	557 cas autour	[ə]	40%
		[ɪ]	23%
		[e]	20%
		[ɛ]	7%
ne	134 cas autour de	[ə]	34%
		[ɛ]	22%
		[e]	21%
		[ɪ]	13%
ce	70 cas autour de	[ə]	47%
		[e]	21%
		[ɛ]	19%
faisons	15 cas autour de	[ə]	27%
		[ɛ]	53%

de	459 cas autour de	[e]	49%
		[ɪ]	16%
		[e]	12%
	postérieure		7%
		[ɛ]	5%

On trouve donc une certaine variation en passant d'un mot à un autre, dont le conditionnement n'est pas évident.

/ɛ̰/

/ɛ̰/ est une voyelle antérieure mi-ouverte non-arrondie nasale, étant légèrement plus ouverte que /ɛ/. Nous avons repéré 486 cas de /ɛ̰/, dont 195 (40%) sont [ɛ̰] ou æ̰. Des autres, 254 (52%) sont [a̰] ou [a̰⁻], 13 sont [ɑ̰], 12 sont [ɪ̰] ou [ḭ], et il y a 12 autres divers, dont 2 seulement postérieurs arrondis ([ɔ̰⁺]).

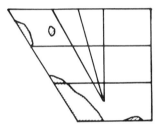

Réalisations les plus fréquentes de /ɛ̰/ français, dans le corpus.

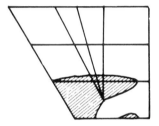

Réalisations les plus fréquentes de /œ̰/ français, dans le corpus.

Ces chiffres révèlent une tendance marquée vers une articulation ouverte, bien qu'un phonème /ɛ̰/ existe en twi. Ceci vient probablement du fait que /ɛ̰/ français se réalise normalement [æ̰], qui est perçu comme étant plus ouvert que [ɛ̰]. Le twi utilise donc son /a̰/, normalement [a̰⁻], mais fait un pas vers [æ̰] en avançant le plus souvent jusqu'à [a̰] : sur les 254 réalisations ouvertes avancées citées ci-dessus, 187 sont des [a̰], et 67 des [a̰⁻]. Nous n'avons pas trouvé d'autre conditionnement particulier pour le timbre vocalique réalisé. Les rares [ḭ́] et [ḭ] viennent de l'influence de l'anglais : *inconstant* [ḭᵀₙkɔ̰⁺ˈsta̰⁻], par exemple. Cet exemple montre que la graphie aussi a une certaine influence, la consonne nasale qui suit la première voyelle dans la graphie étant prononcée; on trouve un certain nombre de cas — 1 sur 10 ou sur 15 pour toutes les voyelles nasales — où la consonne nasale de la graphie est ainsi prononcée, le plus souvent assez légèrement : *importance* ['ḁ̃ₘpɔ⁺'tɑs] en est un deuxième exemple. Les variations de timbre dépendent en partie de la personne ; seulement un quart des informateurs utilisent [a̰⁻], tandis que presque tous les informateurs utilisent [ɛ̰] ou [æ̰], et [a̰].

/ɑ̰/

/ɑ̰/ est une voyelle postérieure ouverte non-arrondie nasale. Cette voyelle nous donne 1.803 cas. 551 (31%) sont [ɑ̰], 675 (37%) sont un peu plus avancés : [ɑ̰⁺], 289 (16%) sont très avancés [a̰⁻] ou [a̰]), 52 (3%) sont autour de [ɛ̰], 224 (12%) sont postérieurs et un peu fermés, et il y a 12 autres réalisations diverses.

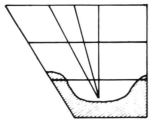

Réalisations les plus fréquentes du /ɑ̰/ français, dans le corpus.

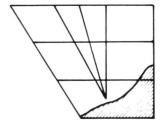

Réalisations les plus fréquentes du /ɔ̰/ français, dans le corpus.

Presque tous les informateurs mélangent des réalisations avancées, des [ɑ̰], et des réalisations fermées dans leur discours. L'avancement de plus de 50% des cas vient probablement de la graphie : /ɑ̰/ est représenté par *an* ou *am*, *en* ou *em* ; *a* en twi représente /a/ et /æ/, nasaux et non-nasaux. Certaines des réalisations que nous avons comptées parmi les [ɛ̰] ne sont pas nasalisées du tout, mais sont suivies d'une consonne nasale. Il s'agit de mots ayant une forme orthographiée, et une prononciation, très proches de celles du mot correspondant anglais : *représentait* par exemple donne [ɹəpɹ'sɛntɛ] chez un informateur. Autre cas, cette fois avec voyelle nasale, mais montrant toujours l'influence de l'anglais : *danger* [dʒ̰e], assez proche de l'anglais [deɪndʒə]. Quelquefois [ɛ̰] ou [æ̰] vient d'une assimilation : nous avons trouvé par exemple plusieurs cas de *maintenant* [mæntnæ̰].

Quand on compare les réalisations principales de /ɛ̰/ avec celles de /ɑ̰/, on remarque une tendance très nette à utiliser la même réalisation pour les 2 phonèmes : 55% des cas de /ɛ̰/ sont entre [a̰] et [ɑ̰], et 56% des cas de /ɑ̰/ sont entre [ɑ̰⁺] et [ɛ̰]. Nous allons reparler de cette confusion quand nous aurons traité les deux autres voyelles nasales, et nous traiterons les réalisations fermées de /ɑ̃/ en parlant de /ɔ̃/.

/ɔ̃/

D'après MALMBERG[4], /ɔ̃/ est une voyelle postérieure mi-ouverte nasale arrondie, ayant *grosso modo* l'ouverture de /ɔ/ et le même degré de labialisation que celui-ci. L'ouverture est en fait entre celle de /o/ et celle de /ɔ/[5]. Sur les 1.340 cas de /ɔ̃/, 173 (13%) sont [ɔ̃˔], 830 (62%) sont entre [ɔ̃˔] et [ɑ̃] 198 (15%) sont [ɑ̃], 109 (8%) sont entre [ɑ̃] et [ã], et il y en a 24 autres dont 12 plus fermés que [ɔ̃˔]. La réalisation la plus fréquente utilisée par les Twi est plus ouverte, correspondant la plupart des fois à l'articulation du twi /ɔ̃/ plutôt qu'à celle des Français, mais étant assez souvent encore plus ouverte. Les chiffres montrent qu'en plus, 23% des cas sont [ɑ̃] ou plus avancés. Le risque de confusion entre [ɑ̃] et /ɔ̃/ est donc énorme, car il y a peu d'informateurs qui n'utilisent pas les trois réalisations [ɑ̃˔] avancé, [ɑ̃] et [ɔ̃] ouvert, pour /ɑ̃/ et pour /ɔ̃/ dans le même corpus. Cette confusion ne vient pas de la graphie du français, qui distingue toujours les 2 phonèmes. /ɑ̃/ n'existe pas en twi, et si c'est la graphie qui nous donne les 16% de réalisations très avancées du /ɑ̃/ français, l'assimilant au /ã/ du twi, la plupart des réalisations fautives de /ɔ̃/ doivent avoir une autre explication. La graphie de /ɔ̃/ devrait en fait nous donner une réalisation plutôt fermée de ce phonème, car *o* en twi représente /o/ et /ʊ/, /ɔ/ et /ɔ̃/ étant représentés par ɔ. Il nous semble possible que la distinction entre /ɑ̃/ et /ɔ̃/ soit mal perçue à l'ouïe par les Twi, de sorte qu'ils les prononcent assez souvent de plus ou moins la même façon. Acoustiquement les 2 voyelles se ressemblent fort : d'après les chiffres que donne Pierre DELATTRE[6], la fréquence du formant 1 est identique dans les deux cas, à 600 c.p.s., l'écart entre les deux formants 2 n'étant que de 200 c.p.s. (750 pour /ɔ̃/ et 950 pour /ɑ̃/). (Les chiffres pour /ɑ/ et /ɔ/ non-nasaux montrent une différence beaucoup plus importante : formant 1-550 pour /ɔ/, 750 pour /ɑ/; formant 2-950 pour /ɔ/, 1.200 pour /ɑ/.).

/œ̃/

Ce phonème est une voyelle antérieure mi-ouverte arrondie nasale. Nous ne l'incorporons pas avec /ɛ̃/, bien que beaucoup de Français n'aient pas ce phonème dans leur système vocalique, parce que la distinction /ɛ̃/ ~ /œ̃/ est toujours enseignée au Ghana (elle fait partie

[4] MALMBERG, 1969, 73.
[5] ARMSTRONG, 1951, 75.
[6] DELATTRE, 1965, 49.

de la tradition de l'enseignement, au Ghana comme ailleurs à l'étranger), et parce que les réalisations utilisées par nos informateurs, ne sont pas exactement les mêmes pour l'un et l'autre des deux phonèmes. /œ̃/ apparaît 286 fois dans le mot *un*, et 1 fois dans *commun*. Sur ce total de 287 cas, il y a 35 [œ̃] (12%), et 45 [ɛ̃] et [æ̃], donnant 80 réalisations des types qu'on trouve chez les Français (30%). La réalisation la plus fréquente est [a̰] ou [a̰⁻] : 128 cas (47%). Il y a aussi 42 [ɔ̰] (15%), 14 [œ̰⁻] ou [ʌ̰] (5%), et 13 [ɑ̰] (5%).

Notre première remarque concernant ces chiffres porte sur la différence entre ceux pour /œ̃/ et ceux pour /ɛ̃/. Pour /œ̃/, nous avons 12% de [œ̃]; pour /ɛ̃/, 1 seul cas de [œ̃] sur 486. C'est-à-dire que les deux phonèmes sont reconnus comme étant différents l'un de l'autre. Ensuite, nous trouvons chez /œ̃/ 15% de réalisations très postérieures, contre 2 seuls cas pour /ɛ̃/. Le contexte ne semblant pas jouer, nous pensons qu'il y a une perception de l'arrondissement des lèvres de [œ̃], qui devient donc assimilé à [ɔ̰]. Ce qui est pourtant le plus frappant, c'est le nombre de réalisations qui se confondent avec celles des autres voyelles nasales : les 17% de [œ̃], [œ̰⁻] et [ʌ̰] sont les seules qui sont vraiment distinctives pour /œ̃/, toutes les autres se trouvant fréquemment chez au moins 2 des 3 autres voyelles.

Parmi les 3.916 cas de voyelle nasale, 57% sont réalisés tout à fait ouverts, la plupart étant [a̰], [a̰⁻] ou [ɑ̰⁺]. On sait que dans les pays francophones d'Afrique, une réalisation autour de [a̰⁻] est très fréquente pour /ɑ̃/, venant en partie de l'influence des Méridionaux français : d'après MARTINET [7], le français des anciennes colonies africaines a été beaucoup influencé par la prononciation des militaires, qui comportaient beaucoup de ruraux méridionaux et surtout des Corses, qui ont séjourné dans ces pays dès le début de la période coloniale. Dans le cas des Twi, pourtant, nous ne croyons pas à la possibilité d'une interférence venant de ces autres pays, les contacts étant toujours réduits, surtout au niveau du lycée, où sont acquises les habitudes articulatoires utilisées en français au Ghana. Ce n'est pas que le rendement de ces phonèmes soit trop petit pour qu'on ait la possibilité d'apprendre à les bien prononcer. Le problème ne vient pas non plus de l'anglais. Même si nous avons pu poser certaines hypothèses, nous ne savons pas expliquer, de façon tout à fait convaincante, cette confusion si frappante de distinctions phonologiques.

---

[7] Communication personnelle.

Harmonie vocalique

Au cours de l'aperçu que nous avons fait des voyelles du français,
nous avons remarqué plusieurs cas où pourrait se révéler une influence
venant de l'harmonie vocalique du twi. Nous avons voulu entreprendre
une analyse de tous les cas de certains mots dans le corpus, où on
pourrait attendre une telle interférence, mais il n'y a malheureusement
que deux mots assez fréquents dans le corpus qui contiennent des
voyelles, même partiellement, convenables : *beaucoup* et *église*, ces mots
bien prononcés montrant déjà cette harmonie. Il nous faudrait des mots
assez fréquents comportant deux ou trois voyelles qui, bien prononcées,
ne montreraient pas cette harmonie. Nous n'en avons pas trouvé.
nouvelle n'apparaît que 4 fois, dont 3 avec [u]-[ɛ]. Nous avons déjà
parlé de *beaucoup* (p. 63) où les voyelles utilisées suivent normalement
l'harmonie vocalique, mais on ne sait pas si ceci vient de l'influence
du twi, ou bien du fait que les informateurs avaient assez bien appris
à prononcer *beaucoup*. *église* donne, lui aussi, un résultat non-concluant,
puisque beaucoup des réalisations de la première voyelle sont entre
[e] et [ɛ] (acceptables en français), de sorte qu'on ne sait pas si la
voyelle est sentie comme étant tendue ou non. Il faudrait mener une
enquête à part, avec un corpus comportant un petit nombre de mots
choisis, enregistré par beaucoup d'informateurs, pour voir à quel point
ce type d'assimilation joue pour le français des Twi.

Résumé

Nous voudrions résumer les influences qui jouent dans la réalisation
des phonèmes vocaliques du français par les Twi. Ces influences
viennent, a) du twi lui-même, et b) de l'anglais.

a) influences venant du twi.

i) L'articulation de certaines voyelles françaises est influencée par
celle des phonèmes twi correspondants : /i/, /ɛ/ et /ɔ/ sont
normalement un peu moins fermés qu'en français ; /ɔ/ et /a/ sont
moins avancés.

ii) La plupart des faits détaillés ci-dessous viennent du fait que
le système vocalique du twi et celui du français sont différents.

iii) Le Twi accentue souvent la syllabe finale du mot français, ce qui
accroît la tension et donne normalement une voyelle tendue ;
les autres syllabes, non-accentuées, ont assez souvent une voyelle
relâchée.

iv) Il y a beaucoup d'exceptions à iii) ci-dessus, le Twi appliquant assez arbitrairement au français sa distinction tendue/relâchée.

v) Il y a une tendance à utiliser une voyelle relâchée pour *il* et *nous*, comme en twi pour les préfixes grammaticaux qui y correspondent.

vi) La graphie du twi semble encourager des réalisations fautives, dans le cas de **e**, qui représente /ə/ français et qui est identique pour /e/ et /ɪ/ twi; de *o* identique pour /o/ et /ʋ/ twi; et de *a* qui influence la réalisation de /ɑ/ français, en l'avançant vers [a̱⁻].

vii) Nous posons l'hypothèse que le Twi perçoit plutôt le trait d'arrondi/non-arrondi que d'antérieur/postérieur, quand il distingue entre /i/ et /u/, /e/ et /o/, /ɛ/ et /ɔ/ dans sa langue. Ceci expliquerait la différence entre les réalisations de /ø/ (qui est bien arrondi en français) et de /œ/ (moins arrondi étant plus ouvert), et entre celles de /ɛ/ et de /œ̱/, aussi bien que le nombre important de réalisations postérieures de /y/.

viii) Il semble probable que l'harmonie vocalique du twi joue un certain rôle dans la prononciation du français, bien qu'assez souvent d'autres facteurs annulent son influence.

ix) On constate, en plus, d'autres assimilations que l'harmonie vocalique, typiques non pas uniquement des Twi, mais de tous ceux qui apprennent une langue étrangère, où une voyelle est rapprochée d'une autre : *église* [**egles**].

b) Influence venant de l'anglais

i) La prononciation des unités lexicales anglaises influence celle des unités lexicales françaises correspondantes : /e/ anglais — *danger* [dɛʒe]; [ɜ] anglais — *retourner* [ɹɜ⁺tɜˈnɛ]; /æ/ anglais — *national* [næsjəˈnɑː]; /ə/ anglais — *ambassadeur* [a⁻ₘbaˉsəˈdœ].

ii) La graphie de l'anglais joue peut-être, elle aussi, un rôle mais qui est toujours impossible à distinguer de celui de la prononciation : *représentait* [ɹəpɹˈsɛntɛ]. Nous n'avons trouvé aucune réalisation que nous puissions attribuer à la seule influence de la graphie anglaise.

L'enseignement joue un rôle beaucoup moins important pour ce qui concerne les fautes de prononciation française, que dans le cas de l'anglais. La prononciation du français des professeurs a été le plus souvent assez proche de la norme que nous avons posée pour le français, tandis que celle de l'anglais des instituteurs comporte en général toutes les fautes que nous avons énumérées chez leurs élèves. La seule influence générale venant de l'enseignement du français que nous posons est le manque total de distinction entre /a/ et /ɑ/, manque tout à fait sans importance. Nous n'avons pas pu déterminer l'influence de professeurs particuliers.

Les oppositions phonologiques importantes qui peuvent se perdre pas ces interférences concernent surtout : /u/ ∼ /y/ (loup-lu), /ə/ ∼ /ɛ/ (le-les), /ø/ ∼ /o/ (peut-pot), /œ/ ∼ /o/ (peu-pot), /œ/ ∼ /ɛ/ (seul-selle), et /ɛ̰/ ∼ /ɑ̰/ ∼ /ɔ̰/ (bain-banc-bon). Dans le cas de presque tous les phonèmes vocaliques, même si les oppositions du français sont maintenues, les interférences énumérées entraînent un «accent étranger» distinctif.

Consonnes françaises

Nous abordons maintenant les consonnes françaises, constatant d'abord que les occlusives /p b t d k g/, les fricatives /f v/, et les nasales /m n ɲ/, ne posent presque pas de difficulté pour nos informateurs. Après avoir relevé tous les cas de ces phonèmes chez 23 informateurs, nous nous sommes rendus compte de ce fait, de sorte que pour 39 autres informateurs, nous avons relevé uniquement les réalisations qui diffèrent de la norme que nous avons adoptée, de telles réalisations étant, nous venons de le dire, très peu nombreuses.

/p/

Cette consonne se prononce comme une occlusive bilabiale sourde, non-nasale et non-aspirée, les lèvres étant tendues. Le [p] qu'utilisent nos informateurs pour réaliser le /p/ français, est celui du twi, moins tendu que celui du français, et légèrement aspiré. D'autres articulations sont rarissimes, étant des réalisations ou bien affaiblies ([f], [ɸ]), ou bien sonorisées ([b], [b̥]) en contexte sonore. Chez les 23 informateurs analysés en détail, sur 1.007 occurrences de /p/, 10 seulement sont autres que [p^(h)], [pʰ] ou [p], et les 39 autres informateurs donnent, eux aussi, un total de 10 autres variantes.

/b/

/b/ se réalise comme /p/, mais avec vibrations des cordes vocales. Sur 306 occurrences chez les 23 informateurs, 286 sont [b] (93%), les autres étant des formes assourdies (surtout en finale de phrase) et des formes affaiblies. Pour le total de 62 informateurs, il n'y a que 37 de ces deux types de réalisations.

/t/

Cette consonne se prononce comme une occlusive apico-dentale sourde non-aspirée. Le [t] articulé par les Twi est une apico-alvéolaire légèrement aspirée. Sur les 1.189 occurrences de /t/ utilisés par les 23 informateurs, 6% seulement des variantes (72) sont autres que [t], [t^(h)] ou [tʰ]. Il y a en plus 67 autres occurrences de variantes chez les 39 autres informateurs. Parmi ces variantes, nous trouvons les occurrences suivantes :

[tₛ]   18 occurrences, plus 6 chez les 39 autres informateurs. [tₛ] se trouvent dans le contexte /tr/ : *être* [ᴘtₛɹə], *autre* [o⁺tₛɹu⁺] ; et aussi en finale : *je prends* [ʒɛ⁻pʀɑ̥tₛ] (influence de la graphie, peut-être), *écoute la radio* [ekʰu.tₛ lə'ɹa⁻djɵ]. Nous avons signalé cette même réalisation en anglais, sans pouvoir dire d'où elle vient.

[c]   16 occurrences, plus 6 chez les 39 autres informateurs. C'est une autre réalisation du groupe /tr/, qui n'est pas facile pour les Twi : *chapitre* [ʃa⁻'pic], *train* [cɹæ]. Elle se trouve aussi en contexte palatal : *tuer* [cye], *c'est une pièce* [sɛcy.npjɛs]. Il s'agit de contextes favorables au [c] twi — ou au [ɟ], car nous en avons trouvé un, en contexte sonore : *les étudiants* [leʒɛɟudja⁻].

[d]   8 occurrences de [d], [d̥], [d̪], plus 12 chez les autres informateurs. Ils se trouvent surtout en contexte sonore : *peut-être* [pʰɔ⁺'dɛtɹə], *difficultés* [dıfıkɐ'dɛ] ; ils peuvent aussi suivre la graphie : *grands hommes* [gɹ̥ɷdɔ⁺m].

/t/   omis. 17 occurrences, plus 25 chez les autres informateurs. L'omission de /t/ est la plus fréquente des variantes que nous décrivons (30% en sont des omissions). Elle a lieu :

  i) en groupe consonantique : *reste de* [ɹɛsdə], *artiste* [a⁻'t^(h)issə], *mixte* [mi.ᵀs].
  ii) en liaison : *c'est un livre* [sɛ̰⁻liv].
  iii) en finale : *romans et contes* [rʊmɑ̰⁺ekɔ̰ₙ].

Le premier type d'omission est de loin le plus fréquent ; le premier et le troisième types se trouvent dans des contextes qui sont toujours difficiles pour les Twi. Le deuxième type est dans un contexte qui pose un problème pour tout étranger apprenant le français : on ne sait jamais quand faire la liaison.

/**d**/

/**d**/ se réalise en français comme une occlusive apico-dentale sonore non-nasale. Les Twi utilisent, pour le /**d**/ français, une articulation apico-alvéolaire. Pour les 23 informateurs, nous avons repéré 1.229 occurrences de /**d**/, dont 1.183 sont [**d**] (96%). Il y a donc 46 autres réalisations, plus 29 pour les 39 autres informateurs. Parmi ces 75 réalisations, nous remarquons 27 [**d̥**], 15 [**d̪̥**], et 16 omissions.

[**d̥**]   *grande salle* [**gɹaˉd̥saˉː**], *attende l'église* (de l'anglicisme *attender – assister à*) [**atɐd̥ legɔli.s**], *prende beaucoup* (pour *prend*) [**pɹɐd̥ boku**]. [**d̥**] est réalisé presque toujours ou bien en contexte sourd (premier exemple), ou bien devant une pause (les deux autres exemples). Nous avons trouvé aussi 5 occurrences de [**t**] dans ces contextes.

[**d̪̥**]   Cette réalisation se trouve dans les mêmes contextes que [**d̥**] : *nos camarades* [**no⁺kaˉmaˉɹaˉd̪̥**], *vacances dernières* [**vakɐsdaˉnjɛ**], (*tout le*) *monde se* [**mɔɔnd̪̥sə**]. *pardon* [**ˈpʰaˉd̪ɐ**] est un cas particulier, ce mot étant souvent prononcé avec l'accent sur la première syllabe, la deuxième syllabe s'articulant très légèrement, comme en anglais.

/**d**/   omis. Dans ce même mot *pardon*, le /**d**/ peut tomber complètement : [**paˉ.ɔ**]. *médecin* [**mɛsɛ**] est un cas d'omission en groupe consonantique. (*tout le*) *monde était* [**mɔn etɛ**] nous montre le même phénomène devant une pause. On peut affirmer que dans ce contexte nasal, le /**d**/ devient une apicale nasale, mais il faut admettre également que même là où le /**d**/ de *monde* se réalise [**d**], un [**n**] est très souvent intercalé après la voyelle (voir p. 84). C'est de ce deuxième point de vue que nous citons l'exemple comme un cas d'omission de /**d**/. Ces trois types de réalisations donc, toutes des affaiblissements plus ou moins extrêmes, se trouvent toutes dans les mêmes contextes. Nous ne pouvons même pas affirmer que dans ce que nous appelons «/**d**/ omis», le /**d**/ ne soit pas articulé du tout ; il se peut simplement que sur notre bande nous ne le percevions pas : qu'il soit donc ou bien extrêmement affaibli, ou bien inexistant. On ne sait pas toujours où délimiter la frontière entre les deux cas. Nous avons trouvé de rares cas de /**d**/ réalisé [**n**], en finale : *camarades* [**ka⁻ma⁻ɹa⁻n̥**], ou en contexte nasal : *Don Juan de Molière* [**dɑ̃zwã⁻nɪ⊥mɔ⊥ljɛ**], *la danseur* (pour *danseuse*) [**la⁻na̰⁻sɛ⁻ˀ**].

/k/

En français /**k**/ se réalise comme une occlusive dorso-palatale ou dorso-vélaire sourde, non-nasale, non-aspirée, le point d'articulation dépendant du contexte vocalique. Nous n'avons pas remarqué de variante palatale chez nos informateurs. Ce phonème ne pose pas plus de difficultés que les autres occlusives. Comme /**p**/ et /**t**/, il est réalisé légèrement aspiré. Chez les 23 informateurs, il y a 1.127 occurrences de /**k**/, dont seulement 23 sont des variantes autres que [**k**], [**k⁽ʰ⁾**] ou [**kʰ**] (2%). Il y a 44 autres variantes chez les 39 autres informateurs. Ce total de 67 cas comporte 31 omissions, 8 [**k̥**], 8 [**x**] (vélaire), 6 [**g**], 3 [**g**] et 2 [**g̰**]. Si /**k**/ peut être omis en finale : *aux boutiques* [**oːbyti**], il l'est surtout en groupe consonantique : *expliquer* [**ɛsplɪˈke**], *texte* [**tʰɛs**], *satisfaction* [**sa⁻tɪsfa.⁻ˈsjɔ̰**]. L'affaiblissement de /**k**/ est, lui aussi, le plus fréquent en groupe consonantique : *avec mes* [**a⁻vɛˀk̰me**], *le crabe* [**lə.k̰ɹa.⁻b**], *d'expression* [**daxɸɹɛsˈjɑ̰**], *mixte* [**mĩx̰s**]. *Andromaque* [**a̰⁻dɹma⁻k̰**] est un cas d'affaiblissement en finale. L'emploi de la vélaire sonore se limite aux contextes sonores, et surtout à ceux où une consonne sonore suit : *oncle* [**a̰⁻gl**], *avec des amis* [**a⁻ˈvɑgdeza⁻ˈme**], *musique du* [**myzɪgdʉ**], *le crabe* [**ləgɹa⁻.b**], (*dit au*) *cigale que* [**ɵsiga⁻ːg̰e**].

/g/

/**g**/ se réalise en français comme /**k**/, à part le fait que les cordes vocales vibrent. Ce phonème est beaucoup moins utilisé par nos informateurs que les autres occlusives : chez les 23 informateurs, il y a 164 occurrences, dont 18 autres que [**g**] (11%). Les 39 autres informateurs utilisent 29 réalisations autres que [**g**]. Ces 47 cas comportent 32 omissions, et 11 cas d'affaiblissement, qui se trouvent dans les mêmes contextes que nous avons vus pour les autres occlusives : en finale, *langue* [**lɑ̰ː**]; en groupe consonantique, *examen* [**ɛza⁻ma̰⁻**]. Nous n'avons pas trouvé de variante palatale.

Il y a un fait à noter concernant les cas d'omission ou d'affaiblissement d'occlusive en français comme en anglais : en groupe consonantique, il a lieu surtout là où l'ordre des phonèmes est occlusive-continue, comme dans l'exemple *examen* cité ci-dessus. L'ordre continue — occlusive, plus fréquent en anglais qu'en français (*sting* par exemple), n'est pas difficile pour un Twi, même si de tels groupes ne se trouvent pas dans sa langue.

/f/

Ce phonème est une fricative labio-dentale sourde, réalisé comme le /f/ du twi et de l'anglais. Chez les 23 informateurs, nous avons trouvé 505 occurrences de /f/, dont 9 autres que [f] (2%); pour les 39 autres informateurs, il n'y a que 5 réalisations autres que [f]. Ces 14 réalisations semblent être pour la plupart des cas isolés : par exemple *deux frères* [dø'pɹɛ], mais les réalisations plus ou moins sonores sont des assimilations à un contexte sonore : *difficile* [diˈviˈˈsiˈɬ], *professeur* [pɹɔˈyɛˈsɛ]. Cette assimilation peut se faire bien qu'il n'y ait pas de /v/ en twi.

/v/

Ce phonème est le partenaire sonore de /f/. L'existence d'une seule labio-dentale, /f/, en twi, n'entraîne pas beaucoup de réalisations [f] du phonème /v/ français : il n'y a que 5 informateurs sur le total de 62 qui ont utilisé [f]. Chez les 23 informateurs pour lesquels nous avons compté toutes les occurrences de /v/, sur le total de 679 /v/, 11 sont [f]; il y a 3 [f] chez les 39 autres informateurs. [f] se trouve surtout en finale : *élève* [elɛ.f], *je trouve* [çeˈtɹuˈf]. A part 8 omissions de /v/, et 18 [y̥], toutes les autres réalisations sont bien voisées. Pour les 23 informateurs, 92% du total des cas sont [v]. C'est, pourtant, peut-être la non-existence d'un /v/ twi qui fait que la grande majorité des autres occurrences sont affaiblies en [y̞] : 113 sur un total de 162 réalisations autres que [v], pour tous les in-formateurs. Il y a donc une tendance à ne donner qu'une part de sa valeur fricative à /v/, dans n'importe quel contexte : *Vàlère* [y̞aˉlɛ.], *avec mon oncle* [ay̞ɛˈkmɑˈnɑˉklə], *il travaille* [iˈltɹaˉy̞aˉ.j], *on voit* [ɔy̞waˉ], *ne savions pas* [neˈsāy̞jɑpaˉ]. C'est dans le contexte qu'on voit dans ces ces deux derniers exemples, où il y a un groupe consonantique, que /v/ peut-être tout à fait omis : *voisinage* [waˉsinaˉ.ʒ]. Les [y̥] se trouvent dans les mêmes contextes que [y̞].

/m/

Ce phonème, une occlusive bilabiale nasale, est, presque sans exception, bien réalisé. Les 23 informateurs l'ont utilisé 1.170 fois, avec seulement 16 réalisations autres que [m] (1%). Les 39 autres informateurs n'utilisent que 13 fois de telles réalisations. Ces 29 occurrences comprennent 15 omissions, 6 [m̥], et 5 [n]. Parmi les omissions, on peut citer *un film* [œ̃⁻fɪɫ], *je l'aime* [jelɛ̃ə], *du tam-tam* [di³t⁽ʰ⁾a̰⁻ta̰⁻ɐ̯], *le ferme* [lɛˈfœ̰.], exemples qui montreraient encore une fois que la position finale du mot admet difficilement l'articulation d'une consonne par un Twi, si [m] twi ne s'y trouvait pas. Nous supposons que le nombre si limité de cas d'omission de /m/ final en français (beaucoup moins que de /n/, par exemple), vient de l'existence de la réalisation [m] twi en finale, et qu'un cas comme celui de *tam-tam* cité ci-dessus, vient d'une incertitude quant à la bonne prononciation. Les exemples cités montrent aussi que la nasalité de /m/ est souvent reportée sur la voyelle précédente. Les occurrences de [m̥] se trouvent elles aussi en finale de mot. Les réalisations [n] sont le plus souvent attribuables à une assimilation à un contexte apical : *ces hommes-là* [sezɔnla], *nous sommes très* [nu.⁺zsɔ.⁺ntrɛ], *samedi* [ˈsa̰⁻ndi].

Nous avons remarqué, dans la section sur /ɛ/ (p. 73), que, suivant la graphie, une consonne nasale est quelquefois intercalée après une voyelle nasale : *combattre* [kʰɔ̃mba⁻tɹ̩]. Ceci peut se passer sans que la voyelle soit nasale : *compliqué* [kɔ⁺mplike.]. Ce n'est pas toujours l'influence de l'anglais qui joue, ni celle de la lettre utilisée dans la graphie : les exemples *un peu de* [ʌ̃mpɵ.dɹ̩⁻], et *mon père* [mɔ⁺ₘpʰɛ], montrent que la consonne nasale intercalée est assimilée à la consonne qui suit. Pourtant, elle se réalise probablement par l'influence de la graphie ; les voyelles nasales du twi ne sont suivies d'une consonne ni dans la graphie ni dans leur réalisation.

/n/

Ce phonème est une occlusive apico-dentale nasale ; les Twi le réalisent comme une apico-alvéolaire. Les 23 informateurs utilisent 1.018 /n/, dont 987 sont [n] (97%), et 31 sont d'autres réalisations. Les 39 autres informateurs fournissent 60 occurrences d'autres réalisations. Le total de 91 occurrences comprend 79 omissions. /n/ peut-être omis en groupe consonantique : *gouvernement* [gu⁺vɛɹmn̩], et l'est très fréquemment en finale, la nasalité étant reportée sur la voyelle précédente : *ne me donne pas* [nəmɪdɔ̰pa⁻], *Lafontaine* [la⁻fɔ⁺nˈtɛ.], *prochaine* [pɹɔ⁺ʃɛ]. /n/ est fréquemment omis dans le mot *une*. Parmi les 12 autres erreurs, 3 cas de [ɲ] semblent venir de l'influence de l'anglais : *continuait* [kʰɔ⁺tʰɪɲɥɛ], et, chez deux informateurs différents, *l'université* [ɫɥnɪvɜ⁺sˈtɛ] (avec déplacement de l'élément palatal de l'anglais), et [lɪᵀyˤɲɪvɛˀsˈte].

L'exemple cité ci-dessus *Lafontaine* [la⁻fɔ⁺nˈtɛ] est encore un cas où une consonne nasale homorganique est intercalée après voyelle nasale. L'addition de [n] après voyelle nasale n'est pas pourtant nécessairement en contexte apical; *on* est fréquemment [ɔn] ou [o̥n], même devant labiale: *on parle* [o̥npʰa.⁻l]. La lettre *n* est beaucoup plus souvent prononcée, là où elle ne devrait pas l'être, que ne l'est la lettre *m*.

/ɲ/

Ce phonème, une occlusive dorso-palatale nasale, est peu utilisé, dans notre corpus; les 23 informateurs l'ont employé 51 fois, dont 46 sont [ɲ] (82%). Aux 9 réalisations différentes de [ɲ] s'ajoutent 4 autres chez les 39 informateurs. Nous avons trouvé 6 [nj], tous dans *dernier*, où le /r/ est omis, la coupe syllabique venant entre [n] et [j]: [dœnjɛ]. Il y a 5 cas où la nasalité de /ɲ/ est reportée sur la voyelle précédente, l'élément palatal étant ou bien vocalisé ou bien dénasalisé: *Espagne* [ɛspjæ] (élément palatal déplacé), et [ɛspãi̯], *Allemagne* [almãi̯], *soigner* [swa̰⁻je], *accompagne* [akɡ̰⁺pa̰⁻ːj]. Il y a enfin 2 occurrences de [n̰].

Les 11 consonnes que nous venons de voir sont celles pour lesquelles nous avons fait le compte de tous les cas chez un nombre réduit d'informateurs seulement. Nous avons vite constaté que ces phonèmes ne présentaient pas de vraie difficulté à nos informateurs, les variantes de réalisation étant très peu nombreuses, et presque toutes explicables en termes identiques de contexte (groupe consonantique, et position finale de mot). En ce qui concerne les autres consonnes pourtant, il nous a semblé possible que l'analyse complète de chacune chez tous les 62 informateurs fournisse des résultats particuliers intéressants. Il ne s'agit plus uniquement de multiplier les exemples des mêmes interférences générales que nous avons déjà constatées pour les premières consonnes. Nous avons donc fait le compte des cas de ces phonèmes chez tous les 62 informateurs.

/s/

Ce phonème est une fricative pré-dorso alvéolaire (ou apico-alvéolaire) sourde, de caractère sifflant, la partie antérieure du dos de la langue étant sillonnée longitudinalement. Nous informateurs fournissent 2.967 occurrences de ce phonème, dont 2.844 sont [s] (96%). Les 123 autres cas comprennent 61 [z], bien qu'en twi il n'existe pas de phonème /z/, et en plus 16 [z̰] et 4 [z̥]. Nous citons quelques exemples typiques de l'emploi de [z]:

i) à l'intervocalique (contexte sonore) :
des personnes [dep⁽ʰ⁾ɛzɐ̯]
décembre [dezɐ̯.b]

ii) *nous, vous* suivi de /s/ :
nous sommes allés [nu̯zɔmza⁻'le]
vous savez que [vuzaveke]

Dans ce dernier cas, la distinction entre *vous avez* et *vous savez* est phonologiquement perdue, bien que le contexte exige le choix de « vous savez ». Ce même exemple nous laisse penser que la réalisation [z] de /y/ n'est pas nécessairement une assimilation à un autre [z], ce qui pourrait autrement être l'interprétation du premier exemple, et qui explique peut-être le premier [z] de *je suis allée* [ʒəzɥiza'le]. Il doit y avoir aussi une influence venant de la liaison fréquente, avec [z], de *nous* et de *vous* (*nous allons* [nuzalɔ̯] etc.) : on acquiert l'habitude d'articuler [z] plutôt que [s] après ces pronoms.

iii) *monsieur* : [mɵzjɪᵀ], [mɪzjɛ].

L'emploi fréquent de [z] dans ce mot chez certains informateurs s'ajoute aux réalisations vocaliques fautives pour en faire l'un des mots les plus mal prononcés de la langue.

Les autres variantes de /s/ utilisées par nos informateurs comprennent quelques cas isolés d'assimilation : *sont allés* [tota⁻le], *je ne suis pas* [ʒenɛɕɥiᵀpa⁻], *je suis allé* [jiᵀʑyʑæᵀ'lej]. Chez un informateur la réalisation [ç] de /s/ est fréquente, quelquefois par assimilation, mais pas toujours : (*quand elle revenait*) *du marché, elle passa sur une planche à* (*travers*) [du⁺'ma.⁻ʃe⁺ ɛḷpa⁻'ça⁻'çu⁺u̯⁺n'plaza⁻], mais *un de ces hommes* [a⁻dɔçɛza⁻]. Cette personne a utilisé 8 fois [ç] ou une articulation très proche. L'omission de /s/ est très rare — 7 occurrences en tout, presque toutes à la finale devant pause : *l'Écosse* [lekɔ.], *la chance* [la⁻ça⁻]. Deux des trois occurrences de *expression* que nous avons citées pour le phonème /ɛ/ (page 57), sont les seules où /s/ tombe en groupe consonantique.

/z/

Ce phonème est le partenaire sonore de /s/. Des 1.149 occurrences de /z/, 876 sont bien réalisés [z] (76%). Nous remarquons donc tout de suite une différence par comparaison avec /v/, où 98% des occurrences sont réalisées [v]. Ni /z/ ni /v/ n'existent en twi, qui a pourtant un /f/ et un /s/. Parmi les autres réalisations de /z/, nous trouvons 160

[s], 14% du total), et 79 [z̥] (7%). Dans le cas de /v/, où il y a très peu de réalisations sourdes, malgré l'absence en twi d'un phonème labio-dental sonore, on est tenté d'affirmer qu'une fois une articulation sourde d'un certain mode et à un certain point acquise, l'addition de vibrations glottales ne pose pas de difficulté. Il nous semble qu'une telle affirmation tiendrait aussi pour /z/, le nombre considérable de réalisations [s] venant du fait que le Twi ne sait pas quand utiliser /s/, quand /z/, la graphie pour l'un et l'autre étant souvent *s*. Trois quarts de nos informateurs ont utilisé, pour /z/, des [s] aussi bien que des [z]. Nous avons déjà remarqué, à propos de /s/, la liaison avec [z] qui est fréquent en français; l'incertitude du Twi en face de /z/ se montre dans le fait que la liaison est aussi, et assez souvent, effectuée avec [s] : *nous avons* [nɵsa̅ ˈvɐ̥], *je suis allé* [zəsɥisa̅ le]. Un autre exemple qui montre la confusion entre /s/ et /z/ de façon très nette est *très usé* [trɛzyse] où, la liaison bien réalisée, c'est probablement la graphie qui trompe dans le cas du /z/ de *usé*. Comme dans l'anglais des Twi, /z/ en finale est très fréquemment réalisé [s] : *église* et *chose* se terminent le plus souvent par [s]. Deux autres exemples de [s] final sont *surprises* [sɵˈpɹiːs] et *furieuses* [fyɹˈjɵ.s]. Comme pour /z/ anglais, donc, la difficulté que présente le /z/ français est d'utilisation, non pas d'articulation.

Les 13 omissions de /z/ sont toutes des cas de liaison : *elles ont* [ɛlɔ̥], *sommes arrivés* [sɔ⁺ma̅ ɹive]. Les autres variantes comprennent des assimilations : *zoologique* [zɔ⁺⁺lɔ⁺ʒik], et des cas isolés : *sommes allés* [sɔ⁺mta̅ le] est peut-être influencé par la liaison dans *sont allés*. Nous ne savons pas expliquer les 2 occurrences de [ð] (chez 2 informateurs différents) : *deux années* [dɵða̅ ne], et (*quelque*) *chose à manger* [ʃoð a̅ mɑ̥ze].

/ʃ/

Le /ʃ/ du français se réalise comme une fricative apico-alvéolaire sourde de caractère chuintant, la partie antérieure du dos de la langue formant une cavité creuse, la partie postérieure du dos étant élevée. Les lèvres sont arrondies. Le twi n'a pas de /ʃ/, mais a un [ɕ], dont l'articulation est plus postérieure que celle du /ʃ/ français, étant dorso-prépalatale sans arrondissement des lèvres. Des 343 occurrences de /ʃ/, 201 sont articulées, [ɕ] (59%), et 132 [ʃ] (38%), avec dix autres articulations diverses. Comme pour l'anglais, l'emploi de [ɕ] pour /ʃ/ français ne gêne pas du tout la communication, mais donne un léger «accent étranger». Ce phonème n'est pas très fréquent en français;

chez 4 de nos 62 informateurs il n'y a aucue occurrence d'un mot avec /ʃ/, et chez 16 autres il n'y a qu'une ou deux occurrences. 5 informateurs n'ont utilisé que [ʃ], mais le phonème n'apparaît chez eux que 11 fois en tout. Par contre, 29 informateurs n'ont utilisé que [ç], utilisant le phonème 119 fois. 24 informateurs ont utilisé les deux réalisations. Comme en anglais, c'est donc l'acquisition d'une articulation non-twi qui présente une difficulté importante, cette acquisition ne se faisant pas chez beaucoup d'informateurs. Le choix de [ʃ] ou [ç] ne semble avoir rien à voir avec le contexte. /ʃ/ n'est jamais omis dans notre corpus. Il se réalise 4 fois sonorisé : *prochaine* [pɹəˈʒɛːn], *quelque chose* [kəkəʒɐz].

/ʒ/

Ce phonème, qui a la même articulation que /ʃ/ sauf que les cordes vocales vibrent, est beaucoup plus utilisé que /ʃ/ chez nos informateurs, mais avec beaucoup plus de variantes : des 1.408 occurrences, 222 sont réalisés [ʒ] (16%), 889 sont [z] ou proches (63%), et 248 sont proches de [j] (18%). /ʒ/ n'est pas connu en twi, mais, d'après les réalisations de nos informateurs, il est perçu comme un continu palatal sonore, allant de pair avec /ʃ/. Il n'est pas perçu comme une apicale : nous n'avons repéré que 6 [z] et 8 [d], ni comme une occlusive : les 8 [d] ne s'ajoutent qu'à 14 [ɟ]; ni comme une sourde : il n'y a que 7 réalisations sourdes. Il est le plus souvent fricatif, mais fréquemment aussi continu non-fricatif [j].

Tous les informateurs ont utilisé au moins 7 /ʒ/, sauf un qui n'en utilise que 2. Aucun informateur n'utilise que [ʒ]. 39 utilisent [z] mais non pas [ʒ], et 23 utilisent [ʒ] aussi bien que [z]. Nous allons prendre une par une les principales réalisations du phonème.

i) [ʒ] et [z]. La raison la plus probable pour la proportion basse de [ʒ] pour /ʒ/ par rapport à la proportion de [ʃ] pour /ʃ/ (16% contre 38%), est la basse fréquence du phonème /ʒ/ de l'anglais. Le Twi qui aborde l'anglais à l'école primaire trouve un bon nombre de /ʃ/ (nous en avons constaté 120 chez les 24 informateurs dont nous avons analysé l'anglais), mais très peu de /ʒ/ (7 chez les mêmes informateurs). Il y a donc des chances qu'il entende /ʃ/ bien réalisé de temps à autre, qu'on lui enseigne la bonne réalisation de /ʃ/, qu'il se rende compte du fait que /ʃ/ ne se réalise pas tout à fait comme le [ç] twi. Mais /ʒ/ étant rare, il ne recevra pas nécessairement d'entraînement dans la bonne réalisation du phonème, articulant à sa façon, c'est-à-dire [z], suivant ses habitudes articulatoires twi. [ʒ] étant donc la réalisation acquise pour le phonème anglais, cette même prononciation est utilisée pour le phonème français aussi. Pour ce qui concerne la réalisation [ʒ] dans notre corpus français, nous remarquons que les informateurs qui l'utilisent viennent tous (avec une seule exception, qui n'utilise [ʒ] qu'une fois sur 8 occurrences de /ʒ/) de 4 lycées où il y a toujours eu beaucoup de professeurs britanniques. 3 de ces lycées sont de jeunes filles, le quatrième étant mixte. Or, il est bien connu au Ghana que le niveau d'anglais des lycéennes est nettement meilleur que celui des lycéens, en partie sans doute à cause du nombre élevé de professeurs britanniques dans les lycées de jeunes filles, dû au manque persistant de professeurs-femmes ghanéens qualifiés. Il nous semble donc possible que ce soit l'influence de l'anglais qui joue ici, surmontant la tendance naturelle des Twi de réaliser /ʒ/ [ʒ].

ii) [j].   La fréquence de cette réalisation confirme la pertinence des traits de dorsalité et de continuité pour un Twi. Nous avons repéré en fait 192 [j], 53 [j⊥], avec un peu de friction, et 3 [j], articulation très faible. 43 des informateurs utilisent ce type de réalisation parmi d'autres. [j] est employé presqu'uniquement pour le mot *je*. Nous pourrions citer des quantités de *j'étais* [jɛtɛ], *j'aime* [jɛm] etc., à côté de seulement 2 ou 3 cas de type *jouer* [juɛ]. Nous ne pensons pas pouvoir expliquer cette réalisation de *je* en termes de distribution de phonème, car toute consonne se trouvant à l'initiale en twi, [ʒ] devrait également s'y prononcer sans difficulté. C'est peut-être que les pronoms sujets en twi, tous monosyllabiques, commencent par une articulation con-sonantique très légère [w], [m], [n], [j], et que dans ce contexte syntaxique, le Twi tend à affaiblir la consonne. Ce ne serait pas l'influence directe du [j] twi, car /jɛ/ signifie en twi *nous*, non pas *je*, qui est [mɪ]. Il se peut aussi que la graphie joue un rôle : il n'y a pas de lettre *j* dans l'alphabet twi, qui représente /j/ par *y*, et le *j* du français est peut-être conçu comme représentant [j]. De toute façon, chez un bon nombre d'informateurs, *je* commence presque toujours par [j].

iii) [d], [ʝ], [z], [ç].   7 des 8 occurrences de [d] se trouvent chez un seul informateur, qui prononce toujours *je* avec [d]. C'est donc un cas particulier. [ʝ] vient probablement quelquefois de la graphie de l'anglais, *j* en anglais représentant /ʤ/, dont la réalisation est assez proche de [ʝ]. Nous avons remarqué plusieurs *je* avec [ʝ]. Nous trouvons aussi une interférence venant de la prononciation anglaise : *religieux* [ɹəˈliʝə.z], *davantage* [daˉvạˉₙtaʝ], où l'anglais a /v/. [z] aussi est utilisé pour *je*, comme l'est [ç] aussi, mais il n'y a en tout que 6 occurrences de [z], et 6 de [ç].

iv) /ʒ/ n'est omis que 7 fois; 6 fois dans le mot *je*, et une fois en finale: *village de* [ʏ̃la⁻:də].

Pour faire un résumé des réalisations de la consonne de *je*, nous trouvons que beaucoup d'informateurs utilisent [ʒ] et/ou [z], que beaucoup d'autres utilisent surtout [j], qu'un seul utilise [d], et que chez certains on note un cas isolé de [ɟ], de [z], de [ç], et d'omission de /ʒ/.

/l/

Ce phonème est une latérale apico-dentale, articulée par les Twi qui l'ont acquise, comme une apico-alvéolaire. Il a été utilisé 4.463 fois dans notre corpus, 3.747 des occurrences étant [l] (84%). Les autres cas sont surtout des omissions (410 omissions, 9% du total des occurrences), des [ɫ] vélarisés (202 occurrences, 5%), et des [l̥] affaiblis (44 occurrences, 1%). Reste 57 réalisations diverses.

Les deux contextes qui présentent des difficultés pour l'articulation de /l/ sont les mêmes que nous avons remarqués chez d'autres phonèmes français: le groupe consonantique, et la finale de mot. C'est précisément dans ces deux contextes que [ɫ] s'utilise en anglais, et les exemples montrent tout de suite que les cas de [ɫ] pour /l/ français doivent venir de l'influence de l'anglais: *il dit* [iɫdi], *Noël* [nʊwɛɫ], *quelquefois* [k⁽ʰ⁾ɛɫkəfwa⁻]. [ɫ] est fréquent surtout avec *il* et avec *quelque*, ces mots étant à leur tour très fréquents. Le [ɫ] final est souvent syllabique. (Nous avons remarqué aussi quelques /l/ finals syllabiques mais non-vélarisés, ce qui indique une interférence partielle venant de l'anglais: *son oncle* [sɑ̃ŋkl̩].) Mais nous avons vu, dans notre analyse de l'anglais des Twi, que [ɫ] anglais est difficile à réaliser, et c'est dans ces mêmes deux contextes, ou [ɫ] peut se trouver, que le phonème /l/ français est souvent omis: *salle* [sa⁻.], *école* [ekɔ.⁺], *quelque* [k⁽ʰ⁾ɛ⁻kə], *film* [fɪ.m]. En français, c'est le contexte final qui est le plus fréquent, et on y trouve énormément d'omissions. Le [l̥] affaibli se trouve également dans ces mêmes contextes, comme quatrième possibilité — car la bonne réalisation [l] s'y trouve aussi, à côté des [ɫ], des omissions et des [l̥]. Comme exemple de cette dernière réalisation, nous citons *quelqu'un* [kʰɛl̥kɑ̃⁻:], et *l'Espagnol* [lɛspa⁻ɲɔ:l̥]. Il faut préciser que parmi les omissions en finale que nous avons notées, il y a un certain nombre de cas où /l/ est remplacé par une diphtongaison de la voyelle finale: *appelle* [a⁻pɛə], *difficile* [dɪfɪ'siə]. Ce type de réalisation, peu typique du twi, indique une tentative d'articuler /l/ dans un contexte difficile. Nous allons remarqué la même diphtongaison dans le cas de /r/ en finale. Nous avons remarqué chez un seul informateur une omission fréquente de /l/ de type bien français : le /l/ de *il*, dans par exemple *il fait* [ifɛ]. Cet informateur a commencé à apprendre le français avec un professeur de nationalité française, d'où sans doute une certaine influence ; sa prononciation semble être en général un peu plus française que celle de la plupart des autres informateurs.

Nous avons déjà vu, en parlant du /l/ anglais, que le système consonantique twi ne comporte pas de latérale. Nos informateurs ont suffisamment bien appris à articuler [l] en anglais pour que cette même articulation se réalise le plus souvent en français aussi, mais nous avons trouvé quelques cas d'autres articulations apicales pour /l/. Prenons d'abord les variétés de **r**. Nous avons repéré 3 [ɹ], 2 [ɹ̝], 1 [r], et 1 [ɽ] rétroflexe : *église* [egɹi:s], *les classes* [lekɹa⁻.s], *école* [ekɔɹ̝], *seulement* [sɛrmɑ̯], *aimable* [æmja⁻bɽ]. Ensuite, il y a 2 oc- currences de [d] : *l'école mixte* [lekʰoᵀ:dˈmi.ᵀs], *travers la rivière* [tɹa⁻vɛ².sdaⁿɹɪvjɛ:], et 3 occurrences de [n] : *dans la maison* [da̰⁻.nəmɛzɑ̯] (assimilation au *n* de *dans*), et deux fois *il nous a* [ɪnnu⁺za⁻], qui montrent de nouveau une assimilation. La rareté de ces exemples montre qu'il n'y a presque pas de tendance à remplacer /l/ par d'autres articulations assez semblables existant en twi.

Nous avons remarqué une façon particulière de résoudre le problème d'articuler /l/ après occlusive — c'est d'intercaler une voyelle entre les deux consonnes : *église* [egₔli.s], *classe* [kₔla⁻s]. Un autre phénomène, également rare, que nous ne savons pas expliquer, est une articulation [d̪l] pour /l/ : *alors* [ad̪lɔᵀ], *il est* [ɪd̪le]. Il y en a 7 occurrences, chez 6 informateurs.

Nous avons trouvé quelques fautes attendues, venant d'une incer- titude quant à la bonne prononciation de la forme écrite *-ille* : *ville* [viᵀj].

/j/

Cette consonne est une spirante dorso-palatale sonore non-labialisée, le bruit de friction étant souvent à peine perceptible (sauf dans les variantes assourdies au contact des consonnes sourdes, type de variante que nous n'avons pas trouvé chez nos informateurs). Notre corpus contient 913 occurrences de ce phonème. 696 en sont réalisés [j] (76%). Il y a 100 occurrences de [i] ou [ɪ] (11%), 62 omissions (7%), et 55 occurrences de réalisations diverses.

Le remplacement de /j/ par une voyelle antérieure fermée se fait sans doute pour éviter l'articulation de 2 consonnes de suite, mais vient probablement aussi de la graphie du français, où *i* représente souvent /j/. Nous distinguons entre la position non-finale et finale. En non-finale, on sait que pour certains mots, deux prononciations sont possibles : *lion* [ljɔ̯] ou [liɔ̯], par exemple. Mais dans les cas que nous avons relevés chez nos informateurs, l'emploi de [i] ne nous semble guère possible pour un Français : par exemple *la radio* [laˉ ɹaˉdiɐˣᵀ], *oui, bien* [wi biɛ̯], *il y a un* [iliaa̯], *dans la pièce* [dṇlaˉpʰiɛs], *végétation* [vɛzɛtaˉsiɑ̯]. En finale, c'est plutôt [ɪ] qu'on trouve, souvent formant le deuxième élément d'une diphtongue : *travaille seule* [tɹaˉvaɪsɐ̯], *Corneille* [k⁽ʰ⁾ɔ+nɛɪ]; dans *Camille* [kaˉˈmiᵀɛ], il s'agit d'une voyelle moins fermée. /j/ est aussi remplacé quelquefois par un [ə] léger en dipthtongue : *d'oreille* [dɔ⁺ɹɛ̯ˌ], *fille* [fiə̯].

C'est également en finale que /j/ peut tomber complètement — en partie toujours à cause de la difficulté pour un Twi des articulations consonantiques en finale, en partie peut-être à cause de l'incertitude que nous avons déjà mentionnée, quant à la prononciation correcte de *-ille*. Nous avons trouvé par exemple *la veille* [laᶌe:], *se réveille* [sɔɹɛvɛ.], et beaucoup de *fille* [fi:].

Malgré la fréquence de deux *l* dans la graphie pour représenter /j/, nous ne trouvons que 8 réalisations latérales du phonème; par exemple, *le meilleur* [lɔmɪlɛᵀ:], *fille* [fil]. Il y a 11 cas où la réalisation est fermée jusqu'à donner de la friction : *je travaille* [jɵ⊥traˉˈvaˉẓ], *pays* [pɛzɪ⊥], *famille* [faˉˈmiᵀj⊥].

Nous avons remarqué une influence très nette venant de l'anglais, qui fait qu'un [j] est quelquefois intercalé devant [u] ou [y] : *attendu* [at⁽ʰ⁾ɑ̯ₙdjyˉ], *bureau* [bjyʁo⁺], *tribu* [tʁ̩ɪbjʉ]. Un [j] est aussi intercalé quelquefois pour faciliter la transition d'un [i] à une autre voyelle : (*homme*) *qui est* [kijɛ], *il peut y avoir* [iᵀlpeijaˉvwaˉ]. Ces derniers cas indiquent une tension articulatoire moins forte chez le Twi que chez le Français.

/w/ et /ɥ/

Le statut phonologique de /ɥ/ et de /w/ en français est marginal, [w] et [ɥ] étant pratiquement des variantes de /u/ et de /y/ respectivement. Ils sont pourtant des variantes difficiles à distinguer pour les non-Français, qui doivent néanmoins les acquérir, non pas pour arriver à communiquer, mais pour parler à la façon française, et nous les traitons ici sur le même plan que tous les autres phonèmes du français.

Ils présentent une difficulté pour le Twi, non pas du côté purement articulatoire, car il connaît [w] et [ɥ] en twi, mais du côté de leur distribution, [ɥ] en twi ne se trouvant jamais devant voyelle postérieure, et [w] jamais devant voyelle antérieure.

/w/

/w/ est une spirante dorso-vélaire labialisée sonore. Il est plus fréquent que /ɥ/, notre corpus en contenant 889 occurrences, dont 742 sont [w] (83%), 77 sont [ɥ] (9%), 32 sont entre [w] et [ɥ] (4%), et 19 sont omis. Les [ɥ] et les réalisations entre [w] et [ɥ] sont toutes dans le mot *oui*. Or, le Twi n'a pas le choix dans sa langue première, entre [ɥ] et [w] devant [i], il utilise obligatoirement [ɥ]. Certains de nos informateurs ont bien appris à articuler [w] dans *oui*, mais la plupart n'y sont pas parvenus.

L'omission de /w/ se fait en groupe consonantique : *il ne croit pas* [ɪlˈnɛkɹaˉpaˉ], *le roi* [le̥ɹaˉ], *j'ai voyagé* [ʐevɔaˉˈʐe], *joyeusement* [ʐɵɛzmn̥]. Un [w] s'intercale quelquefois comme transition entre [u] et une autre voyelle : *jouer* [ʒuwe].

/ɥ/

Ce phonème a la même articulation que /j/, sauf que les lèvres sont arrondies. Nous avons trouvé 254 occurrences de ce phonème, dont 157 réalisées [ɥ] (62%). Parmi les autres réalisations, on note 35 [w] (14%), 19 entre [ɥ] et [w] (7%), et 17 omissions (7%). Les [w] sont tous devant /i/, ce qui va à l'encontre de l'habitude twi, mais nous posons la même hypothèse que pour d'autres paires de phonèmes qui se ressemblent, comme /i/ et /ɪ/ anglais : le Twi sait bien réaliser les deux phonèmes, mais, désorienté, il ne sait quand utiliser l'un, quand l'autre, et arrive quelquefois à articuler [w] devant /i/, là où le français a [ɥ]. Que ce soit la bonne explication ou non, il y a un certain nombre de cas comme *c'est lui* [sɛ⊥ˈlwiᵀ], *je suis* [ʐeʐwiᵀ], *depuis* [deˈpwi].

L'omission de /ɥ/, comme celle de /w/, a lieu en groupe consonantique : *je suis allé* [ʒɪsizale], *suivi* [syˈviᵀ], *cuisine* [ˈkɪᵀzḁˉn], dans le deuxième exemple l'arrondissement de /ɥ/ étant reporté sur /i/. L'articulation d'un groupe consonantique peut aussi être évitée en vocalisant /ɥ/ : *je suis allé* [j⊥ɪzʉiᵀzaˉlɛ], mais un tel remplacement de /w/ ou de /ɥ/ par une voyelle est très peu fréquent, à la différence de la situation que nous avons vue chez /j/.

/**r**/

Ce phonème, consonne fricative dorso-uvulaire sonore, se trouve 4.002 fois dans notre corpus. Le tableau qui suit montre les types principaux d'articulation que nous avons identifiés :

[ɹ] 1.474,	[ɹ̥]	25,	[ɹ̯]	56	total	1.555	= 39%
[ɾ] 649,	[ɾ̥]	5			total	654	= 16%
[ʁ] 66,	[ʁ̥]	116,	[ʁ̯]	7	total	189	= 5%
[r] 38,	[r̥]	5			total	43	1%
[ʀ] 12					total	12	
autres articulations					total	54	= 1%
omissions de /r/					total	1.495	37%

Des cas de [ɹ] et d'omission se trouvent chez tous les informateurs, des [ɾ] se trouvent chez 47, des [ʁ] chez 25, des [r] chez 18, des [ʀ] chez 6, et d'autres articulations chez 17.

On voit qu'il y a deux groupes de cas à étudier : les différentes façon d'articuler /r/, et les omissions. La réalisation de loin la plus fréquente du r twi est [ɹ], utilisée aussi, et correctement, pour le /r/ anglais, mais à tort pour celui du français. [ɾ], qui se trouve quelquefois en twi à l'intervocalique, se trouve aussi, dans le français de nos informateurs, après consonne : *apprenions* [aˈprenjo̰], et même quelquefois devant consonne : *parler* [parle], position où il est très fréquemment omis. Christaller dit du r du twi[8] : «*r* is the rolled or trilled Scottish *r*» indiquant une réalisation [r]. Schachter en parle également[9], disant que [r] est une des trois variantes les plus usuelles du /r/ twi (les deux autres étant [ɹ] et [ɾ]). Nous n'avons pas trouvé nous-même une telle réalisation en twi, mais il est certain que nous avons trouvé une petite proportion de [r] dans le français de nos informateurs comme dans leur anglais, articulation venant, nous supposons, de l'influence du twi. Nous trouvons [r] dans divers contextes dans notre corpus, mais surtout dans les groupes consonantiques [pr], [tr], [kr], et [rw] initial : *très furieuses* [trɛfyɹjɵ.s], *je prends* [ʒɛˈprɑ̰ts], *j'ai écrit* [ʒɛɛkrɪˈ], *roi* [rwaˉ].

L'articulation uvulaire du /r/ français est certainement difficile pour ceux qui, ne connaissant pas d'articulation uvulaire dans leur première langue, ont une articulation apicale représentée dans la graphie de leur

---

[8] Christaller, 1933, XVIII.
[9] Schachter, 1962, 37.

langue par *r*. Les Twi font un rapprochement naturel entre le *r* du twi et le *r* qu'ils voient dès le début de l'apprentissage dans la graphie du français, ce qui entraîne une confusion entre la réalisation de l'un et de l'autre. On peut supposer que, dans certains établissements scolaires, les professeurs ne présentent pas, ni n'utilisent eux-mêmes, d'autre réalisation du /r/ français que [ɹ], tandis que dans d'autres établissements les professeurs utilisent [ʁ], essayant de le faire apprendre à leurs élèves. Dans ce dernier cas, les élèves essaient sans doute de prononcer autre chose que [ɹ], mais tendent à le faire toujours avec la pointe de la langue, type d'articulation qu'ils connaissent bien, réalisant donc [ɾ] et [r]. Ce ne sont que les rares élèves ayant une très bonne oreille, ou ayant un professeur doué pour l'enseignement de la phonétique, qui arrivent à utiliser [ʁ]. Les données que nous avons concernant nos informateurs ne révèlent pas de trait commun à ceux qui utilisent [ʁ] : ils viennent d'une diversité de lycées ; pour la plupart ils n'ont pas eu de professeur français ; ils comprennent garçons et filles ; ils ne sont pas, dans l'ensemble, ceux qui ont séjourné dans un pays froncophone. Il n'y a en fait que 4 informateurs qui ont utilisé un nombre appréciable de [ʁ], seulement 2 d'entre eux utilisent plus de [ʁ] que d'autres réalisations. Nous ne savons pas comment ils y sont parvenus. Un de ces deux utilisent presque uniquement des [ʁ̥] assourdis : 38 dans un total de 56 /r/, où il n'y a qu'un [ʁ] sonore. On constate en plus que la majorité des autres réalisations uvulaires chez les autres informateurs sont assourdies, se trouvant dans toutes les positions, et surtout en finale. Serait-ce une tentative presque réussie de prononcer [ʁ], mais qui échappe à la perfection à cause de l'absence de sonorité chez les fricatives du twi, ce qui entraînerait un assourdissement dans la réalisation du /r/ français ? Nous ne savons pas.

Certaines des autres articulations consonantiques pour /r/ semblent également résulter d'un effort pour prononcer [ʁ] : en particulier 19 occurrences de [χ] (vélaire), dont 15 chez un seul informateur, où il s'agit d'une articulation postérieure, mais qui a un point d'articulation déjà connu en twi, et qui est sourde comme les fricatives du twi. Cette personne prononce, par exemple, *alors* [alɔ⁺χ], *pour* [pʊχ], *divertir* [dɪvɛˈti. χ]. Cette fricative s'affaiblit trois fois, pour donner un son que nous avons noté [h], dans, par exemple, *voir tout* [vwaˉːtʰu⁺]. Il y a ensuite 18 occurrences de [l], et 3 de [ɬ], dans, par exemple, le *caractère du* [lakaˉɹaˉktɛ.ldy], *une sœur* [iʼsɜ.lə], *sa mère demeure* [saˉmɛ̨ldɪˈmɛœ̥], *à quatre kilomètres de* [aˉkaθɬkɪlɔ⁺⁺mɛθɬ də]. [l] est presque toujours suivi d'une apicale, qui influence sans doute le point d'articulation de la réalisation de /r/ utilisée.

Les occurrences de [ɽ] se trouvent chez 6 informateurs, 5 desquels viennent du même lycée. Le seul [ɽ] que nous avons signalé comme réalisation de /l/ se trouve dans le corpus du sixième de ces informateurs, qui vient d'un lycée différent. Dans presque tous les cas, le [ɽ] précède une consonne et est syllabique : *avertir* [aˉvɽˈtʰiˉᵀ], *université* [ynəvɽsiᵀˈteˉ]. Supposant une influence américaine, nous avons écouté le corpus d'anglais enregistré par 6 informateurs (qui ne sont pas parmi ceux dont nous avons analysé en détail l'anglais). Nous n'avons remarqué des traces de prononciation américaine que chez un seul d'entre eux — celui qui a utilisé le plus de [ɽ] en français. Nous n'avons pas trouvé de [ɽ] dans son anglais, mais sa réalisation de /ɒ/, et de /t/ et /d/ à l'intervocalique, est quelquefois américaine : *jobs* [ʤɑ.ps], *knowledge* [na.lɪʤ], *sort of* [sɔˉⁱⁱɾɔᵀf], *Perdican* [pɝ.ᵀrigɑ]. Dans le lycée où il avait appris le français, il y avait eu de jeunes professeurs américains du *Peace Corps*, et son premier professeur de français avait été une Américaine. Donc une influence américaine est probable dans ce cas, et pourrait aussi expliquer les occurrences de [ɽ] chez d'autres informateurs, le nombre de professeurs américains au Ghana ayant été considérable au cours des dix dernières années.

Les réalisations assourdies [ɹ̥] et [ɾ̥] se trouvent de loin le plus souvent en finale, quelquefois à côté d'une consonne sourde, très rarement à l'intervocalique : c'est-à-dire, dans les mêmes contextes où nous avons trouvé un assourdissement pour d'autres consonnes : *des lettres* [dɛlɛ.tɹ̥], *travaille* [tɹaˉvaɪ̯]. La forme affaiblie [ɹ] marque un pas vers la disparition complète de /r/ qui est si fréquente à la finale et devant consonne : *c'est-à-dire je* [sɛtaˉˈdiᵀɹj⊥əⁱ, *avertir* [avɛɹˈtʰiᵀ]. La tendance à laisser tomber /r/ dans ces contextes, venant du twi, est sans doute renforcée par l'anglais, qui, lui non plus, n'y utilise pas /r/. Nous trouvons donc énormément de cas de type *surprise* [suⁱpɹi.z], *parce que* [paskə], *converser* [k⁽ʰ⁾ɒ̯vɛse], *croyais* [kwaˉjɛ], à côté de toutes les omissions en finale, comme dans *devoir* [dəvwaˉ:], *dortoir* [dɔⁱˈtwaˉ:], *professeur* [pɹɔⁱfəˈsɛ:], *une heure et quart* [ynˈɛːçɛkʰaˉ.], où la voyelle finale est le plus souvent — mais pas toujours — allongée. La voyelle finale est aussi assez fréquemment diphtonguée : *pour nous* [puənʊ], *dormir* [dɔˈmi̯ə], *peur* [pɛə]. Une ou plusieurs occurrences de ce dernier phénomène, qui doit résulter de l'influence de l'anglais, se trouvent chez la majorité des informateurs.

Résumé

Les influences qui jouent dans la réalisation des phonèmes consonantiques du français par les Twi, semblent pouvoir se résumer en
termes de facteurs venant du twi, d'autres venant de l'anglais, et
d'autres encore venant du français lui-même.

a) Influences venant du twi.
  i) L'articulation de certaines consonnes françaises est influencée
     par celle des phonèmes twi correspondants : /**p**/, /**t**/ et /**k**/ sont
     légèrement aspirés ; les apicales sont alvéolaires, pas dentales ;
     /**ʃ**/ est [**ç**] et /**ʒ**/ est [**ʑ**] (qui n'existe pas en twi, mais qui se
     réalise sans difficulté comme le partenaire sonore de [**ç**]) ; /**r**/
     est apical.
 ii) L'absence en twi de certains phonèmes qui se trouvent en français
     présente très peu de difficulté : /**v**/ français peut s'affaiblir ; /**l**/ se
     réalise très rarement comme une apicale non-latérale ; /**z**/ et /**ʒ**/
     se réalisent aussi facilement que /**s**/ et /**ʃ**/.
iii) L'habitude du Twi d'utiliser des consonnes dans certains contextes
     et non pas dans d'autres, influence énormément sa prononciation
     du français : en finale, presque toutes les consonnes françaises
     disparaissent fréquemment, ou bien elles s'affaiblissent, ou bien
     elles s'assourdissent. En groupe consonantique aussi, il y a
     beaucoup d'omissions et d'affaiblissements. Dans ces deux mêmes
     positions, /**j**/ est souvent réalisé comme [**i**] ou [**ɪ**].
     Devant /**i**, /**w**/ est normalement réalisé comme [**ɥ**]. Mais /**ɥ**/
     devant /**i**/ peut se réaliser quelquefois comme [**w**], peut-être
     parce que le Twi, conscient du fait que /**w**/ et /**ɥ**/ français se
     comportent de façon différente de [**w**] et [**ɥ**] twi, ne sait pas où
     utiliser l'un, où l'autre.
     Il se peut que le contexte syntaxique joue dans la réalisation
     [**j**] de la consonne de *je* français.
 iv) Nous constatons des assimilations de type général, qui ne sont pas
     limitées aux Twi : beaucoup de consonnes sourdes sont sonorisées
     en contexte sonore ; /**d**/ et /**r**/ sont assourdis en contexte sourd ;
     /**d**/ peut se réaliser [**n**] en contexte nasal, et /**m**/ [**n**] en contexte
     apical ; /**s**/ peut se réaliser [**t**] par l'influence d'un /**t**/ voisin,
     et /**z**/ [**ʑ**] là où il y a un /**ʒ**/ voisin.

b) Influences venant de l'anglais.
  i) La similarité dans la réalisation et dans la distribution de /**r**/

en anglais et en twi, appuie la tendance du Twi à la réaliser comme une spirante apicale en français, et à l'omettre dans certains contextes : /r/ est apical en anglais aussi bien qu'en Twi; il ne se trouve pas devant consonne ou en finale de mot, ni en anglais ni en twi.

ii) La fréquence de certaines réalisations consonantiques en anglais semble déterminer en partie la réalisation de certains phonèmes français : /ʃ/, assez fréquent en anglais, est articulé [ʃ] en français beaucoup plus fréquemment que /ʒ/ ne l'est [ʒ], /ʒ/ étant très rare en anglais, et, partant, mal acquis par les Twi. [l], fréquent et bien acquis en anglais chez les Twi, qui sont au niveau secondaire ou au-delà, ne pose guère de difficulté articulatoire en français.

iii) Des réalisations typiques de contextes précis en anglais peuvent s'y utiliser en français aussi : [ɫ] se trouve en finale et devant consonne; [uə], [ɛə] etc. peuvent être utilisés en finale pour /ur/, /ɛr/ etc. français.

iv) La prononciation de certains mots anglais influence celle des mots correspondants français : *bureau* [bjy̥o⁺], *religieuse* [ɹə⊥liɹə.s].

v) La graphie de l'anglais influence la prononciation française dans un seul cas : *j* anglais représente /ʤ/, d'où quelques *je* [ɹɛ].

vi) La seule influence de l'anglais des États-Unis se voit dans les quelques cas de [ɽ] rétroflexe pour /r/ français.

c) Influences venant de la graphie du français.
La graphie française présente des difficultés aux Twi, comme à d'autres étrangers, et aux Français eux-mêmes.

i) Les mots qui se terminent en *-ille* se prononcent ou bien [il], ou bien [ij]; le Twi choisit quelquefois la mauvaise prononciation.

ii) Les voyelles nasales françaises sont toutes représentées dans la graphie par voyelle suivie de consonne nasale. Cette consonne nasale est souvent prononcée là où une autre consonne suit : *combattre* [kʰɔ⁺mba⁻tɹ].

iii) *i* en français représente souvent [j], d'où des cas comme *bien* [biɛ].

iv) *s* en français représente aussi bien /z/ que /s/, d'où des cas comme *usé* [u⁺'se].

v) Le phénomène de liaison est presque toujours présenté dans les lycées en termes de la graphie, les règles en étant difficiles à acquérir. On trouve donc des cas d'omission de /t/ dans *c'est un* [sɛa̰⁻], et de /z/ dans *elles ont* [ɛlo̰], le Twi ne sachant si oui ou non prononcer le *t* ou le *s* final dans la graphie devant la voyelle initiale qui suit. C'est probablement l'influence du /z/ de liaison qui produit le cas de *vous savez* [**vuza⁻ve**] que nous avons cité.

Les oppositions phonologiques qui peuvent se perdre par ces interférences sont de deux types : l'opposition entre un phonème et zéro, et l'opposition entre une sourde et une sonore. Le premier type se trouve surtout en finale, où par exemple *père* et *paix* peuvent tous les deux se prononcer [**pɛ**], mais aussi en groupe consonantique, où *doigt* et *droit* peuvent tous les deux se réaliser [**dwa⁻**]. En pratique, le contexte montrera presque toujours duquel des deux mots il s'agit. Le deuxième type se trouve en finale : *rade* aussi bien que *rate* pourrait se prononcer [**ɹa⁻t**] ; et à l'intervocalique : *vous savez* [**vuza⁻ve**] est le cas le plus net d'une disparition d'opposition consonantique que nous avons trouvé dans notre corpus. Mais somme toute, la compréhension sera beaucoup moins gênée par la perte de ces types d'oppositions que par celle des oppositions vocaliques que nous avons résumées à la page   77. Les variantes utilisées pour les consonnes françaises entraînent surtout un «accent étranger» caractéristique.

V. CONCLUSION

Notre étude se termine par quelques observations sur l'ensemble des résultats que donne notre analyse de l'anglais et du français des Twi.

i) La comparaison de la proportion, et des types, de réalisations consonantiques fautives dans l'anglais et dans le français de nos informateurs, indique que leur anglais est plus fautif que leur français. Ceci n'est guère surprenant pour une raison déjà signalée : l'enseignement de l'anglais est moins bien fait dans les premières années d'apprentissage que celui du français. Il ne faut pas oublier non plus que les élèves entendent tout le temps, dans la vie courante, un anglais, utilisé par des gens peu ou pas cultivés, qui est beaucoup plus éloigné de la norme que nous avons établie que le leur, et qui peut beaucoup influencer leur propre anglais. Une autre raison concerne une différence entre le français et l'anglais, ce dernier ayant beaucoup plus de consonnes finales que le français. Or, c'est précisément dans le nombre d'omissions consonantiques en finale, beaucoup plus important en anglais, que se trouve la principale différence entre l'anglais et le français de nos informateurs. Les types d'interférences venant du twi sont les mêmes dans les deux cas.

Les voyelles du français et de l'anglais sont pour la plupart trop différentes, phonétiquement et phonologiquement, pour qu'on puisse les comparer.

ii) Dans le cas du français, les interférences provenant de l'anglais, langue seconde de nos informateurs, sont beaucoup moins importantes que celles venant de la première langue, le twi. L'influence de l'anglais est limitée, en très large mesure, aux mots assez nombreux, certes, qui sont graphiquement semblables dans les deux langues : *inconstant* [ˈi̯ⁿkɔˑˈsta̱ˉ], *avertir* [aˉvɜˌˈtʰi] ; cette influence concerne surtout les voyelles. La réalisation d'aucun phonème français ne semble dépendre régulièrement d'une articulation anglaise, mais toujours des habitudes articulatoires twi. Les seuls cas d'influence contextuelle venant de l'anglais que nous avons dégagés sont des [ɬ] en finale et devant consonne, et des diphtongues de type [u̯ə], [ɛ̯ə], qui remplacent quelquefois, en finale française, une voyelle plus /r/. Nous n'avons trouvé qu'un seul cas où la graphie de l'anglais semble être la seule influence qui joue : *je* réalisé [ɹɛ], la lettre *j* représentant en anglais /dʒ/.

iii) La ressemblance entre les mots anglais et français dont nous venons de parler, est le plus souvent beaucoup plus évidente à l'écrit qu'à l'oral : à l'écrit, *inconstant* est identique dans les deux langues, mais [æk̩ɔstɑ̩] et [ɪŋˈkɒnstn̩t] sont assez différents. Il apparaît que l'influence majeure de l'anglais sur la prononciation du français vient en fait de la forme écrite, l'influence de la phonie anglaise étant donc minime. Nous maintenons que presque toute l'influence de l'anglais pourrait être écartée en abordant l'apprentissage du français par la forme orale ; on établirait de bonnes habitudes articulatoires au début, évitant, là où c'est possible, les mots ayant des homonymes anglais, et au moment où on allait enseigner de tels mots, on les présenterait à l'oral avant de les montrer sous la forme écrite. Une présentation initiale orale aiderait aussi à éviter des interférences venant de la graphie du twi.

iv) Nous affirmons l'énorme interférence venant du twi, et le fait que le professeur doit comprendre les différences et phonétiques et phonologiques entre le twi et le français, pour pouvoir surmonter cette interférence.

v) Il doit aussi savoir distinguer entre ces deux types de différences, l'un, phonologique, susceptible d'entraîner des ambiguïtés par la perte d'oppositions françaises, l'autre, phonétique, ne faisant que donner une prononciation plus ou moins étrange, un mot dans ce dernier cas ne se confondant pas avec d'autres mots.

vi) S'il y a des sons posant des difficultés d'articulation, il y en a aussi qui posent de grandes difficultés d'utilisation. Compris parmi eux sont des paires de phonèmes comme /i/ et /ɪ/ (anglais), /u/ et /ʊ/ (anglais), /s/ et /z/ (anglais et français), /ɥ/ et /w/ (français). Il s'agit ou bien de réalisations qui se trouvent en twi, ou bien de réalisations qui ne sont pas difficiles pour un Twi. Celui-ci les confond pourtant, ne sachant quand utiliser l'un, quand l'autre des membres de la paire, leur distribution en twi étant différente de celle de la langue cible, ou, dans le cas de /s/ et /z/, la graphie française étant presque toujours identique pour les deux phonèmes.

vii) En groupe consonantique, en anglais comme en français, le Twi a beaucoup plus de mal à articuler une suite occlusive-fricative qu'une suite fricative-occlusive. Dans ce dernier cas, le groupe se prononce le plus souvent sans difficulté, mais là où une occlusive précède une fricative, l'occlusive tombe très fréquemment. En ce qui concerne les consonnes finales, les chiffres que nous avons cités pour les différentes consonnes indiquent que les occlusives finales sont beaucoup plus susceptibles de tomber que les fricatives finales. Nous constatons donc, que même si la distribution des occlusives et des fricatives en twi est identique, une articulation fricative dans un contexte étrange est beaucoup plus facile pour un Twi qu'une articulation occlusive. Nous ne savons pas si ce phénomène est limité aux Twi, ou bien s'il se trouve chez les locuteurs d'autres langues.

Finalement, nous incorporons parmi nos conclusions les hypothèses suivantes, basées sur certains faits que nous avons énumérés au cours de cette étude. Elles seraient à vérifier dans d'autres situations bilingues et trilingues, pour voir si oui, ou non, elles tiennent pour les langues en général :

viii) Soit le locuteur d'une langue ayant une série de voyelles antérieures non-arrondies, et une autre série de postérieures arrondies : quand il aborde une autre langue ayant les mêmes séries, et en plus une série de voyelles antérieures arrondies, le trait qu'il y perçoit est celui d'arrondissement plutôt que celui l'antériorité.

ix) Soit le locuteur d'une langue connaissant l'opposition sourde/ sonore chez certaines consonnes, mais ayant une série où tous les phonèmes sont ou bien sourds ou bien sonores : quand il aborde une langue où cette même série de réalisations s'oppose à une autre série par la seule différence des vibrations glottales, il n'a pas de difficulté quant à l'articulation de cette nouvelle série, bien qu'il puisse ne pas savoir quand utiliser ces nouvelles réalisations.

Renseignements concernant les 62 informateurs

i) Langues africaines parlées (à part le twi asante).

aucune autre langue	1 autre langue	2 autres langues	3 autres langues
19	21	17	5

(15 sont certainement authentiques — voir p. 19).

ii) Nombre d'années d'apprentissage du français

4ᵉ année	5ᵉ année	6ᵉ année	7ᵉ année	étudiants post-scolaires
6	22	9	18	7

iii) Sexe

filles	garçons
26	36

iv) Informateurs ayant passé quelques semaines dans un pays franco-phone : 3

v) Nombre de lycées représentés : 7.

Annexe 2

Annexe : Questionnaire spécimen

Bande	*n.*	*fr.*	*twi*	*angl.*	*Informateur*
29	*A*	1-104	104-112	112-187	*n. 139*

It will be helpful if you will give the following information :
1. *Name* John Kwame Osei.
2. *Age.*
3. *School* Prempeh College. *Form* U6ᴬ.
4. *How long have you been learning French?* Six years.
5. a) *Who was your first French teacher?* Mr. Jacques Laplante 2 yrs.
   b) *Who have taught you French since?* Mr. John Taylor, 2 yrs, Mrs. R.A. Acheampong, Mme Semaine.
6. *Have you ever stayed in a French-speaking country?* No.
   If so, where, and for how long?
7. *Do you plan to continue studying French when you leave school?* Yes.

8. *What grade did you obtain at O level in French?* One.

                     in English language? One.

9. *Which language and dialect did you first speak as a child (e.g. Asante Twi, Akwapim Twi, Brong Twi?)* Asante Twi.

10. *Which Ghanaian language and dialect do you use most now?* Asante Twi.

11 When, and how much, do you use it — in speaking?
Every day, and whenever the one I'm talking to speaks or understands it.

                     — in reading?
When I get an interesting book in the language, which is very rarely.

                     — in writing?
Very rarely.

12. *Which other Ghanaian languages and dialects do you speak?* None.

13. *How did you come to know them?*

14. *How well do you speak them, and how much do you use them?*

15. *Which was the language and dialect used at the primary school you attended?* Asante Twi.

[zə'veˤdəˀvəˀ'niˑ⌋ a̠'pɹɔfɛsɛ.døˀfɹɑsɛ pøˑtɛɣə ə'fɵtetydiˑ e'tydjeˀfɔ.
Je veux devenir / un professeur de français / peut-être. Il faut étudier / étudier fort,

e: ɹɪˀvø a⁻tɾe. a⁻lynivɛʁsiˀ'te æˀ. 'la⁻ne pɹœ⁻çæn ng a⁻legɒ pæ⁻s'kˀøˤj
et je veux / entrer / à l'université / l'année / prochaine. / Non, à Legon. / Parce que

ʑɛˀvøˤza⁻'vwa⁻: diˀ'vɛɽɕ œ: ʑɛˀvøˤza⁻'vwa⁻diˀ diˀ'vɛɽɕə ɕɑ⁺.s diˑvɛ̠s œ
je veux avoir / diverses / je veux avoir / diverses / chances / diverses /

ɔpɔʁtjyˤniˀ'te kœˀe ea⁻'ʋɛksa⁻jɛ⁻ 'pøɕwa⁻siˑ.ɹ əˀkœ: zəvə⁺tɹ̩ ʍmɛ⁻sjiˀ
opportunités / que / et avec ça je / peux choisir / lequel / je (voudrais?). / Oui, Monsieur. /

m̩ ʑɛmla: ɒŋɛ̠ˤba⁻.diˑ 'pʰa⁻a⁻vɛk a⁻mu: ɪˀsa⁻'ʑiˑ:dæ̠ˀ:ga⁻ʁ̩'sɑ⁺
J'aime la / On ne badine / pas avec l'amour. / Il s'agit d'un garçon /

ediˀₙʑœ.ₙfiˑⱼ lega⁻.ɹˀsɑ̠: ɛ.ɸ lœˤ: løˤfiˑ.s dɑ̠⁻ba⁻ʁɑ̠ la⁻: la⁻ʑœ⁺fiˑɛla⁻'njɛs
et d'une jeune fille. / Le garçon / est / le / le fils / d'un baron. / La / la jeune fille est la /

djyˤba⁻ʁɑ̠⁻ løˤba⁻ʁɑ̠: a⁻'vɛde'sæde̠ˀ. ma⁻ʁje sedøˤ. ʑɛ̠a e: løˤ:
nièce du baron. / Le baron / avait dessein de / marier / ces deux / gens, / et / le /

lø⁻ga⁻ɹˀsɑ̠ɑ̠⁺ sɥiˀvɛsize'tyd̠ a⁻: a̠⁻'nøtɹøpa⁻ɹˀtʰiˀ: də̠ la. peiˀ eˀ. la⁻
le garçon / suivit ses études / à / un(e) autre partie / de / la / pays, / et / la /

la⁻ʑœ̠ₙˀfiˑ.etetₜ tˀ⁽ʰ⁾a⁻:leˀ ɛlɛ⁺'tɛ. a̠⁻ɕ̠:kʰɑ̠ ɛ ɛlvɤledœ⁻viˀ'ni.ˀɹ mʍæ̠ˀ:ₙ
la jeune fille était / allée / elle était / à un con(vent?); / elle voulait devenir moine, /

ɛɛl siˀ'vɛsa⁻. ɛˀ. se⁻ze'tʰiˀd̠ mɛlə⁺ba⁻ʁɑ̠. 'kʰɑ̠⁺'kʰɑ̠⁺'kɑ̠⁺tʰiˀlsɑ̠⁺hɹ̠ɑ̠ + tɹe⁺
et elle / suivait sa / ses études. / Mais le baron — / quand quand quand ils sont rentrés /

p⁽ʰ⁾æ̠ˀdɑ̠⁺ pʰɑ̠⁺ˀdɑ̠⁺ løˤva⁻.kⁱ⁽ʰ⁾ɑ̠ˤs lø⁺ba⁻'ʁɑ̠. æjə ɕ̠a vɤlɛ.lɛ⁺. le.
pendant / pendant / le(s) vacances, / le baron / voulait les les /

χɹɛɣˈniˌɹ mɛ laˉʐœˤˈfiˉ. paˉsˈkɛˌvʉˈlɛ dɪˀvɪˈniˉɹ mwan̪ neˉˉvɐlɛˉˈpaˉ
réunir. / Mais / la jeune fille, / parce qu'elle / voulait devenir / moine, / ne voulait pas /

sɪmaˉʁje legaˉˌ̥ˈsɔ lɛˈmɛ.tɹɛˈbjæ e: ɹˉˈlaˉdɪmn̥ˈde. ˈsaˉmn̪ˉ lœ.
se marier. / Le garçon / l'aimait très bien, / et / il a demandé / sa main. / Le /

laˉʐœˈfiˉ:j laˉ ɛlˈlwˀiaˉˈdiˉ kɛˀ. ɛψ ɛlnaˉφ ɛ naˉlɛˈpⁱ⁽ʰ⁾aˉ sɪmaˉʁiˉje
la jeune fille / l'a / elle lui a dit / que / elle / n'all- / elle n'allait / pas / se marier,

ɛɛˉnɛvɐlɛˈpa epᵤɪˈzeˉseʐœ ʐaˉ seˌʐœ nɒmˈlaˉ leʐœˈnɔˉm et⁽ʰ⁾ɛˀ: ˈtɹiˉst
et elle voulait pas / épouser ce jeune / (gens?) / ce jeune / homme-là. / Le jeune homme /
était / triste, /

paˉsˈkøˀtˌ ɹ̩ˌvɐlɛmaˉˈɹje seˌʐœnfiˉj eˈiˉlaˉ. ˈtɹuˉve yˤnˀ θtɹɵʐœˈfiˉˉ ˈkʰiˉeˈtʰɛ
parce que / il voulait marier cette jeune fille, / et il a / trouvé / une autre jeune fille /
qui était /

laˉˈsœˌ dyˀ: døˀˈlɵtɹɵʐœˈfiˉ: ɪlaˉpɹɔˈmiˉ dʉma ˉɹeˌsæɪʐœˈfiˉ eˈkʰɑˉˀ.
la sœur / du / de l'autre jeune fille. / Il a promis de / marier cette jeune fille, / et quand /

lœˀtɹɵˉkʰiˉvøˤ ˈkʰiˉvɐˈledævɹˀni˔ˌˈmwaˉˀ.n aˉˉ ˈvy.⁽ᶜ⁾sɑdesˈtæ
l'autre qui veut / qui voulait devenir moine / a vu son dessein (destin?) /

ɛlɛˀtʰɛ.dyˉveˈny̬ˌʐaˉˈlyˉs e ɛl ɛlavʉˈlʉ. pɹɵˀˈve. aˉ laˉʐœˈfiˉj
elle était devenue jalouse / et / elle / elle a voulu / prouver / à la jeune fille /

ˈkɔˉnaˉˈvɛˀpʁɔmiˉ døˉmaɹje køøˉ: løˀ ʐaˉno.mne nɛlɛmɛ ˈpaˉ
qu'on avait promis / de marier / que / le / jeune homme ne / ne l'aimait / pas. /

ˈkʰɑsæʐœˈfiˉ:j aˉœ tɹuˉvegɐˉ leʐɛˉˈnɔmne lɛmɛpʰaˉ ɛlaˉˈyˤ: ɛnnɛ
Quand cette jeune fille / a / trouvé que / le jeune homme ne / l'aimait pas / elle a eu / un /

ɛnɛvæˀˉˈnʉɪˉ ɛˈlaˉeˉvaˉˈnʉɪˉ e ɛlɛˈmɔ: ɛlɛˈmɔˀˀˌt vwaˉlaˉtɐ wiˉ:
un évanoui — / elle a évanoui / et / elle est mort — / elle est morte. / Voilà tout. / Oui.

mn̪t⁽ʰ⁾əˈn̪ɑˉˀ: ɔ.ˈvøøˤ t⁽ʰ⁾uˉˀ əmn̪ˈpʰaˉˀ:ɹldæ. ɔˀg ˈdæˉnəˉgaˉˌɲɹˀ
Maintenant, / on veut — / tout le monde parle d'un / org — / d'un organi — /

ɒˀgaˉniˉˈzaˉsˈjɑ døː daˉ daˉfɹiˉˈkɑ dyniˉt⁽ʰ⁾eaˉfɹiˉˈkɑ aˉˈlɔˀ:
organisation / de / d'A — / d'Africains — / d'unité africain. / Alors, /

ɹˈfotaˉvwaˉˌɹ de χɹaˉˈpɔˀ: aˉⁿtɹɵ le peiˉ mɛ ɹˀˈsiˉɑnaˉˈfɹiˉkʰ ˈiˉljaˉde:
il faut avoir / des rapports / entre les pays, / mais / ici en Afrique/ il y a des /

peˈiˉ: fɹaˉkoˀfɐn edeˈpʰeiˉ ˈuɐpaˉχ lɹˀ ˈlɑglɛ ˈaˉlɔˀ: ˈpʰuˀ. faˉsɪliˉˈtiˉ.
pays francophones, et des pays où on parle le l'anglais. Alors pour faciliter /

lœˤ. seˀˉ ˈɹaˉˈpɔˀ. ɹˈfɐkɛˀ: ˈtuˀ lɛˈmn̪ˀ.saˉˀvpaˉˌʁle ˈlaˉglɛ ˈɛ ˈlə
le / ces / rapports, / il faut que / tout / le monde savent parler / l'anglais / et le /

ˈfɹaˉse ˈwɐmɐsˈjɹ ˈtɹɛbjɑ ʐɛmmɐsjøˈt⁽ʰ⁾y.ø iˉljaˉ aˉ aɹɹɵˉgɹaˉm daˉˌn̪ɑm
français. / Oui, Monsieur, / très bien. / J'aime Monsieur?. / Il y a / un / un programme /
d'un homme /

aˉvɪˈziˉblœ. sɛtyniˉstsɛtɑˉnɪsˈtwaˉˉ. nɪstwaˉˉ. ˈaˉvɪˈziˉblɘˀ]
invisible; / c'est une hist — c'est un histoire — histoire — invisible.

ANNEXE 3

Modifications apportées à la notation de l'Association Phonétique Internationale.

ɪ = ɩ (ex. anglais *bit*)

ʊ = ɷ (ex. anglais *cook*)

ʚ = ʊ centralisé

ɵ = o centralisé

ˌ indique qu'une occlusive n'a pas d'explosion, ou bien que l'explosion est modifiée par la consonne qui suit (ex. anglais *rubbed* [ɹʌbˌd], *button* [ˈbʌtˌn̩]

la diphtongaison est indiquée par un lien (ex. e͡i)

BIBLIOGRAPHIE

ABERCROMBIE D., 1967, *Elements of General Phonetics*, Edimburg, Edinburgh University Press, 203 p.

ARMSTRONG L., 1951, *The Phonetics of French*, Londres, Bell, vi-194 p.

BERRY J., 1960, *English, Twi, Asante, Fante Dictionary*, Londres, Macmillan, x-146 p.

BRANN C.M.B. (sous la direction de), 1970, *French Curriculum Development in Anglophone Africa. A Symposium and Guide*, Ibadan, Institute of Education, vi-206 p.

CHRISTALLER J.G., 1933, 2ᵉ édit., *Dictionary of the Asante and Fante Language*, Basel, Basel Evangelical Missionary Society, xxxii-607 p.

———, 1964, 2ᵉ édit., *A Grammar of the Asante and Fante Language*, Farnborough, Gregg Press, xxiv-203 p.

CHRISTOPHERSEN P., 1956, *An English Phonetics Course*, Londres, Longmans, viii-216 p.

DAVID J., 1975, *French in Africa*, Londres, Evans and Unesco, xv-230 p.

DELATTRE P., 1965, *Comparing the Phonetic Features of English, French, German and Spanish*, Heidelberg et Londres, Julius Groos et Harrap, 118 p.

DOLPHYNE F., 1965, *The Phonetics and Phonology of the Verbal Piece in the Asante Dialect of Twi*, thèse, Londres.

———, 1967, "A phonological Analysis of Twi Vowels", (Londres, C.U.P.), *Journal of West African Languages*, vol. 4,1, p. 83-89.

DUNSTAN E. (sous la direction de), 1969, *Twelve Nigerian Languages*, Londres, Longmans, vi-185 p.

Ghana Association of French Teachers, 1959, *Compte rendu du Congrès de 1959* (non-publié).

Ghana Association of French Teachers, 1962, *A French Teachers Handbook for 1962-63*, Accra, G.A.F.T., 19 p.

Ghana Association of French Teachers, 1963, *A French Teachers Handbook, 1963-64*, Accra G.A.F.T., 32 p.

GREENBERG J., 1955, *Studies in African Linguistic Classification*, Branford, Compass, 116 p.

HAGGIS B.M., 1967, *Description phonologique d'un idiolecte du twi asante*, Paris, (mémoire non-publié), 44 p.

———, 1969, *L'Association des Professeurs de Français et l'Enseignement du Français au Ghana*, Accra, G.A.F.T., 38 p.

HAUDRICOURT A. et THOMAS J., 1967, *La Notation des Langues, Phonétique et Phonologie*, Paris, Institut Géographique National et Institut d'Ethnologie, v-166 p.

HOUIS M., 1971, *Anthropologie Linguistique de l'Afrique Noire*, coll. Le Linguiste 11, Paris, P.U.F., 232 p.

JONES D., 1948, *An English Pronouncing Dictionary*, Londres, Dent.

———, 1957, *An Outline of English Phonetics*, Cambridge, Heffer.

108

KAPELINSKI F.J., 1965, *Observations on Phonetic Interference in Learning English and French in Nigeria*, Zaria, Department of Languages, 15 p.

LADEFOGED P., 1964, *A Phonetic Study of West African Languages*, Cambridge, C.U.P., xix-74 p.

MALMBERG B., 1969, *Phonétique Française*, Malmö, Hermods, 194 p.

MARTINET A., 1956, *La Description Phonologique*, Genève et Paris, Droz et Minard, 109 p.

——, 1960, *Éléments de linguistique générale*, Paris, Colin, 224 p.

——, 1965, *La Linguistique Synchronique*, Coll. Le Linguiste 1, Paris, P.U.F., 248 p.

——, 1969, *Le Français sans Fard*, Coll. Le Linguiste 6, Paris, P.U.F., 219 p.

——, 1971, 2ᵉ édit., *La Prononciation du Français Contemporain*, Genève, Droz, 249 p.

MARTY F., 1968, *Teaching French*, Roanoke, Audio-Visual Publications, 337 p.

PIKE K., 1943, *Phonetics*, Ann Arbor, Michigan, x-182 p.

REDDEN J.E., OWUSU N., et autres, 1963, *Twi — basic course*, Washington D.C., Foreign Service Institute, xvi-224 p.

SCHACHTER P., 1962, *Teaching English Pronunciation to the Twi-speaking Student*, Legon, Ghana University Press, v-60 p.

SCHACHTER P. et FROMKIN V., 1968, *A Phonology of Akan* : Akuapem, Asante and Fante, Los Angeles, University of California, 268 p.

SPENCER J. (sous la direction de), 1971, *The English Language in West Africa*, Londres, C.U.P., vii-167 p.

STEWART J., 1965, *The Typology of the Twi Tone System*, Legon, Institute of African Studies, 67 p.

——, "Tongue root position in Akan vowel harmony", (Basle, Karger), *Phonetica*, vol. 16, p. 185-204.

STEWART J., 1968, *The Sounds of Asante*, Legon, Institute of African Studies, 9 p.

——, (à paraître), "The Languages of Akwapim", *Akwapim Handbook* (sous la direction de D. BROKENSKA).

WESTERMANN D. et WARD I., 1933, *Practical Phonetics for Students of African Languages*, Londres, O.U.P., xvi-169 p.

TABLE DES MATIÈRES

110

PUBLICATIONS DE LA SELAF

Bibliothèque de la SELAF

*Les Années 1967 et 1968 sont parues
sous le titre "Bulletin de la SELAF".*

Année 1967

1. Gladys GUARISMA
   Esquisse phonologique du bafia (langue bantoue du Cameroun méridional) - 2ᵉ *édition*

2. Marcel GROSS
   Essai pour une phonologie du baule (langue kwa de Côte d'Ivoire) - 2ᵉ *édition.*

3. France CLOAREC-HEISS
   Essai de phonologie du parler banda-linda de Ippy (langue du sous-groupe Oriental du groupe Adamawa-Oriental, famille Niger-Congo, parlée en République Centrafricaine) - 2ᵉ *édition.*

4. Nicole TERSIS
   Essai pour une phonologie du gurma. Lexique gurma-français (langue gur du Nord-Togo) - 2ᵉ *édition.*

Année 1968

5. Claude HAGEGE
   Description phonologique du mbum (langue du groupe Adamawa, famille Niger-Congo, parlée au Cameroun centre-ouest) - 2ᵉ *édition.*

6. Suzanne PLATIEL
   Esquisse d'une étude du musey (langue des confins tchado-camerounais, famille Tchado-hamitique) - 2ᵉ *édition.*

7. Marie-Paule FERRY
   Deux langues tenda du Sénégal, basari et bedik (groupe de l'Ouest-Atlantique, famille Niger-Congo) - 2ᵉ *édition.*

8. Jean-Pierre CAPRILE
   Essai de phonologie du mbay. Emprunts arabes en mbay (langue sara, groupe Soudanais-Central, famille Nilo-Saharienne, parlée aux confins du Tchad et de la République Centrafricaine) - *2ᵉ édition*.

9. Paulette ROULON
   Essai d'une phonologie du tyembara (dialecte sénoufo) - (langue gur de Côte d'Ivoire) - *2ᵉ édition*.

10. Nicole TERSIS
   Le parler dendi : phonologie, lexique, emprunts (langue véhiculaire nilo-saharienne du groupe songhai, parlée aux confins du Niger, du Dahomey et du Nigéria) - *2ᵉ édition*.

> *Depuis 1969, nos publications portent le titre "Bibliothèque de la SELAF", sous lequel sont déjà parus :*

Année 1969

11. Claude HAGEGE
    Esquisse linguistique du tikar (Cameroun)— (famille Niger-Congo , groupe Bénoué-Congo, sous-groupe Bantoïde).

12 - 13. Gabriel MANESSY
    Les langues gurunsi. Essai d'application de la méthode comparative à un groupe de langues voltaïques.

14. France CLOAREC-HEISS
    I. Banda-linda de Ippy. Phonologie. Dérivation et composition - II. Les modalités personnelles dans quelques langues oubanguiennes (discours direct — discours indirect) — (banda, manza, ngbaka et gbandili du sous-groupe Oriental d'Adamawa Oriental, famille Niger-Congo).

15. Gladys GUARISMA
    Etudes bafia : Phonologie. Classes d'accord. Lexique bafia-français (langue bantoue du Cameroun).

16. Geneviève CALAME-GRIAULE (éditeur)
    Le thème de l'arbre dans les contes africains, I. - 2ᵉ édition.
    *Introduction,*par Geneviève CALAME-GRIAULE
    *I. L'arbre au trésor,*par Geneviève CALAME-GRIAULE
    *II. L'arbre oven,*par Louis MALLART-GUIMERA
    *III. Dialectique de la vie et de la mort autour de l'arbre dans les contes haïtiens,*par Laënnec HURBON

Année 1970

17. Geneviève N'DIAYE-CORREARD
    Etudes fca ou balante (dialecte ganja). Système des classes nominales. Lexique fca-français. Textes : I. Travaux et coutumes. II. Histoire. (langue du groupe Atlantique Occidental de la famille Niger-Congo).

18 - 19. Claude HAGEGE

> *Le mbum de Nganha (Cameroun). Phonologie. Grammaire.* (langue du sous-groupe Adamawa, groupe Adamawa-Oriental, famille Niger-Congo).

20. Geneviève CALAME-GRIAULE (éditeur)

> *Le thème de l'arbre dans les contes africains, II.*
> *Introduction,* par Geneviève CALAME-GRIAULE
> *I. L'arbre justicier,* par Veronika GÖRÖG-KARADY
> *II. L'arbre et le mariage,* par Assia POPOVA
> *III. L'arbre ancestral,* par John D. STUDSTILL

21 - 22. Simha AROM

> *Conte et chantefables ngbaka-ma'bo (République Centrafricaine) - I. Textes, II. Disques* (8 textes avec traduction mot à mot et traduc - tion intelligible, notes linguistiques et ethnographiques, commentaires, transcription musicale des chants de chantefables et enregistrement intégral des textes et chants).

Année 1971

23 - 24. Marcel VAN SPAANDONCK

> *L'analyse morphotonologique dans les langues bantoues (Identification des morphotonèmes et description de leurs représentations tonologiques),* traduit du néerlandais et préfacé par Luc BOUQUIAUX.

25. ETUDES BANTOUES

> *I. Devinettes laadi annotées (République du Congo-Brazzaville),* par André JACQUOT
> *II. Esquisse phonologique du duala (République Fédérale du Cameroun),* par Christiane PAULIAN
> *III. Notes linguistiques gbaya* (langue Adamawa-Oriental, famille Niger-Congo) :
> - *Rapport sur la phonologie d'un dialecte gbaya : le gbaya-'bodoe du groupe kaka,* par Paulette ROULON
> - *Note sur la phonologie d'un dialecte gbaya de Berbérati,* par Yves MONINO
> - *Esquisse d'une dialectologie gbaya,* par Yves MONINO
> *IV. Comptes rendus et résumés d'ouvrages et d'articles adressés à la SELAF en 1971.*

26. Jean-Pierre CAPRILE

> *La dénomination des couleurs chez les Mbay de Moissala (une ethnie sara du sud du Tchad).*
> Notes linguistiques
> *Littérature orale* (Activités d'un groupe d'études de l'ERA 246 du CNRS, Responsable P.F. LACROIX).
> *Langages et cultures* (Activités d'un groupe d'études de l'ERA 246 du CNRS, Responsable P.F. LACROIX).
> *Problèmes théoriques et méthodologiques en description* (Activitésdu groupe d'études de l'ER 74 du CNRS, pendant l'année universitaire 1969-70, Responsable Jacqueline M.C. THOMAS).
> *Tons, catégories grammaticales et syntagmatique* (Activités du groupe d'études de l'ER 74 du CNRS, pendant l'année universitaire 1970-71, Responsable Jacqueline M.C. THOMAS).

27 - 28. Gisèle DUCOS
Structure du badiaranke de Guinée et du Sénégal (Phonologie, Syntaxe) – (langue du groupe Atlantique Occidental, famille Niger-Congo).

Année 1972

29. Pierre-Francis LACROIX
*L'expression du temps dans quelques langues de l'Ouest africain .
Etudes lexicales.*
I. L'expression du temps en dogon de Sanga, par Geneviève CALAME-GRIAULE.
II. L'expression du temps chez les Bedik et les Basari du Sénégal oriental, par Marie-Paule FERRY.

III. Eléments d'analyse de la notion de temps dans la langue des Peuls du Niger, par Christiane SEYDOU.
IV. La division du temps chez les Peuls de l'Adamawa, par Pierre-Francis LACROIX.
V. Schéma d'analyse socio-linguistique de la notion de temps chez les Tyokossi, par Diana REY-HULMAN.
VI. L'expression du temps en samo, par Suzanne PLATIEL.

30. Anne RETEL-LAURENTIN et S. HORVATH
Les noms de naissance. Indicateurs de la situation familiale en Afrique Noire.

31. Yves MONINO et Paulette ROULON
Phonologie du gbaya-kara 'bodoe de Ndongue-Bongowen (Région de Bouar, R.C.A.) – (langue oubanguienne)

32. Johannes ITTMANN
Esquisse de la langue de l'association cultuelle des Nymphes au bord du Mont Cameroun. Notes linguistiques + Comptes rendus.

33-34. Nicole TERSIS
Le zarma (République du Niger). Etude du parler djerma de Dosso – Phonologie, syntématique et syntagme nominal.

Année 1973

35-36-37. Gladys GUARISMA
Le nom en bafia (langue bantoue du Cameroun).

38. Pascal BOYELDIEU, Luc BOUQUIAUX, Xavier GUINET, Judith HEDGER
Problèmes de phonologie (yakoma, rundi, sungor, wolof).

39-40. Suzanne RUELLAND
La fille sans mains. Analyse de dix-neuf versions africaines du conte.

Année 1974

41. André JACQUOT
Les noms personnels laadi (Kongo), répertoire onomastique.

42-43. Geneviève CALAME-GRIAULE (éditeur)
Le thème de l'arbre dans les contes. III.

44-45. Simha AROM et Jacqueline M.C. THOMAS
Les Mimbo, génies du piégeage et le monde surnaturel des Ngbaka-Ma'bo (R.C.A.).

46. Raymond BOYD
Etudes comparatives dans le groupe Adamawa.

Année 1975

47-48. Pascal BOYELDIEU
Etudes Yakoma. Morphologie – Synthématique (langue oubanguienne)

49-50. Christiane PAULIAN
Le Kukuya (Langue teke du Congo).

51-52. Paulette ROULON
Le verbe en gbaya (R.C.A.).

Année 1976

André JACQUOT
Etudes Bantoues. II. – A. JACQUOT, Phonologie – Morphologie myene. A.E. MEEUSSEN, Tonalité du nom en laadi. C. GREGOIRE, du verbe en laadi.

René LETOUZEY
Contribution de la botanique au problème d'une éventuelle langue pygmée.

Gladys GUARISMA
Phonologie du vute (langue bantoïde du Cameroun)

Bernard SURUGUE
Etudes gulmance : phonologie, classes nominales, lexique (langue voltaïque).

Luc BOUQUIAUX (éditeur)
Théories et méthodes en linguistique africaine (Communications au XIe Congrès de la S.L.A.O.).

Jean-Pierre CAPRILE (éditeur)
Phonologie tchadienne.

Numéros Spéciaux

1. ER 74 du CNRS
   ENQUETE ET DESCRIPTION DES LANGUES A TRADITION ORALE :
   I. Introduction à l'enquête de terrain, par Luc BOUQUIAUX et Jacqueline M.C. THOMAS (contributions de Simha AROM et Jean-Claude RIVIERRE).
   II. Notions d'analyse grammaticale pour la description, par Luc BOUQUIAUX et Jacqueline M.C. THOMAS.
   III. Questionnaires d'enquête, guides d'analyse et de description, par Simha AROM, Luc BOUQUIAUX, Jean-Pierre CAPRILE, France CLOAREC-HEISS, Geneviève DOURNON-TAURELLE, Gladys GUARISMA, Claude HAGEGE, Françoise LEDUC, Charlotte LEVANTAL, Yves MONINO, Aurore MONOD, Suzanne PLATIEL, Jean-Claude RIVIERRE, Nicole TERSIS, Jacqueline M.C. THOMAS, Corinne VENOT.
   > Paris, SELAF, 1971, 5 fasc. en 1 coffret (21x27), 750 p., fig. (épuisé), 2e éd., 1975, 3 vol. in 8°, 850 p.

2. Denise FRANCOIS
   Français parlé. Analyse des unités phoniques et significatives d'un corpus recueilli dans la région parisienne.
   Préface de André MARTINET.
   > Paris, SELAF, 1974, 2 vol., 900 p., 2 cartes.

3. COLLOQUES INTERNATIONAUX DU CENTRE NATIONAL DE LA RECHERCHE SCIENTIFIQUE
   LES LANGUES SANS TRADITION ECRITE : METHODES D'ENQUETE ET DE DESCRIPTION (Nice 28 Juin - 2 Juillet 1971).
   Préface,
   I. Préliminaires à l'enquête. Elaboration des questionnaires, par Z. JUNKOVIC, A.N. TUCKER, A. PROST, P-F. LACROIX, J.H. HOLLYMAN
   II. Techniques d'information, par M. HOUIS, C. PAINTER, W.J. SAMARIN, G. CALAME-GRIAULE, G. ROUGET, R. FERRELL
   III. Problèmes de comparaison généalogique, par G. MANESSY, H. JUNGRAITHMAYR, A. G. HAUDRICOURT.
   IV. Constitution des corpus et méthodes de description, par J. DONEUX, B. POTTIER, H. OUNALLI et H. SKIK, J-P. ANGENOT, L. BOUQUIAUX, Simha AROM, J.L. DONEUX, M. HOUIS, J.T. BENDOR-SAMUEL
   V. Organisation et fonctionnement des équipes de recherche. Programmes et travaux en cours, par P-F. LACROIX, P. ALEXANDRE, A. DIOP, M-J. CALVET, J.L. DONEUX, P-F. LACROIX et S. PLATIEL, J-P. CAPRILE, L. BOUQUIAUX
   VI. Communications non discutées en séances, par S. SAUVAGEOT, J. GILL, Y. PLAM, J. LE SAOUT et L. DUPONCHEL, J. GORGONIEV, E. GREGERSEN, H.A. GLEASON.
   > Paris, SELAF, 1975.

Collection

"LANGUES ET CIVILISATIONS A TRADITION ORALE"

1. André G. HAUDRICOURT - Problèmes de phonologie diachronique (réédition d'une série d'articles parus dans différentes revues françaises et étrangères).
   I. Introduction II. Principes théoriques III. Applications à l'histoire du français IV. Premières applications en Indochine V. Applications au karen VI. Applications au vietnamien et au chinois VII. Application au miao-yao et au thai VIII. Conclusions pour l' Indochine IX. Applications en Océanie.
   Paris, SELAF, 1972, 392 p., cartes, Prix : 59 F.

2. Gabriel V. SEVY - Terre ngbaka : Etude de l'évolution de la culture matérielle d'une population forestière de République Centrafricaine. Préface de Gilles SAUTTER.
   I. Esquisse ethno-historique II. Aspects de la culture matérielle III. Perspectives d'une économie nouvelle.
   Paris, SELAF, 1972, 416 p. 52 pl. phot., Prix : 62 F.

3. France CLOAREC-HEISS - Le syntagme verbal banda (République Centrafricaine)
   Paris, SELAF, 1972, 142 p., 2 cartes, Prix : 27 F.

4. Martine MAZAUDON - Phonologie du tamang (langue tibéto-birmane, parlée au Népal).
   Paris, SELAF, 1972, 192 p., 2 cartes, Prix : 38 F.

5. Jean-Claude RIVIERRE - Phonologie comparée des dialectes de l'extrême-sud de la Nouvelle-Calédonie.
   Paris, SELAF, 1973, 214 p., 3 cartes, Prix : 32 F.

6. Roger LABATUT - Le parler d'un groupe de Peuls nomades du Nord-Cameroun
   Paris, SELAF, 1973, 280 p., 2 cartes, Prix : 49 F.

7. Petites Soeurs de Jésus (Agadès) - Contes touaregs de l'Aïr. Introduction de Lionel GALAND. Commentaires de Geneviève CALAME-GRIAULE.
   Paris, SELAF, 1974, 350 p., Prix : 65 F.

8. Catherine PARIS - La princesse Kahraman. Contes d'Anatolie en dialecte chapsough (Tcherkesse occidental).
   Paris, SELAF, 1974, 302 p., Prix : 75 F.

9. Aurore MONOD-BECQUELIN - La pratique linguistique des Indiens trumai (Haut-Xingu, Mato grosso, Brésil).
   Paris, SELAF, 1974, 375 p.

10. Aurore MONOD-BECQUELIN - Mythes trumai (Haut-Xingu, Mato Grosso, Brésil).
    Paris, SELAF, 1974, 260 p.

11. Gérald TAYLOR - Le parler quechua d'Olto, Amazonas (Pérou) : phonologie, esquisse grammaticale, textes.
Paris, SELAF, 1974, 175 p., 2 cartes.

12. Idelette DUGAST - Contes, proverbes et devinettes des Banen du Cameroun.
Paris, SELAF, 1974, 900 p. (2 vol.).

13. Marie-José et Jean DERIVE, Jacqueline M.C. THOMAS - La crotte tenace et autres contes ngbaka-ma'bo (R.C.A.).
Paris, SELAF, 1975, 310 p., dessins.

14. Alain BOUCHARLAT - Le commencement de la sagesse. Les devinettes au Rwanda.
Paris, SELAF, 1975, 180 p., photos, dessins.

15. Gaston CANU - Description synchronique de la langue mo:ré (dialecte de Ouagadougou).
Paris, SELAF, 1975, 450 p.

16. Gabriel MANESSY - Les langues oti-Volta.
Paris, SELAF, 1975, 350 p. 1 carte

17. Jean DERIVE - Les problèmes de traduction en langue écrite de la littérature orale vue à partir d'un exemple négro-africain : les contes ngbaka-ma'bo (R.C.A.)
Paris, SELAF, 1975, 310 p., dessins.

18. Nicole TERSIS - La mare de la vérité. Contes et musique zarma. Niger.
Paris, SELAF / CETO-ORSTOM, 1975, 150 p., 2 disques 33 t. 17 cm.
(Réalisation Bernard SURUGUE)

19. Jacqueline de LA FONTINELLE - La langue de Houailou (Nouvelle-Calédonie).
Paris, SELAF, 1975, 380 p.

    Françoise OZANNE-RIVIERRE - Le iaai (langue mélanésienne d'Ouvéa).
Paris, SELAF, 275 p., 2 cartes.

    Denise BERNOT - Le prédicat en birman parlé.
Paris, SELAF, 1975.

    Henri CAMPAGNOLO - La langue des Fataluku de Lorêhe (Timor).
Paris, SELAF, 250 p., 3 cartes.

    France CLOAREC-HEISS, Jacqueline M.C. THOMAS - L'aka, langue bantoue des Pygmées de Mongoumba (R.C.A.). Phonologie, morphologie et syntagmatique nominale.
Paris, SELAF, 350 p., cartes

    Bernard SCHEBECK - Phonologie des langues australiennes.
Paris, SELAF, 1975, 850 p. (2 vol.).

Jean-Pierre CAPRILE - Dictionnaire mbay-français et lexique français-mbay (langue sara du sud du Tchad).
  Paris, SELAF, 1975, 550 p.

Luc BOUQUIAUX - Dictionnaire Sango (R.C.A.)
  Paris, SELAF, 800 p.

Joseph LE SAOUT - Etude descriptive du gbà (Côte-d'Ivoire). Phonétitique et phonologie.
  Paris, SELAF, 400 p.

Véronika GÖRÖG-KARADY - L'image du Noir et du Blanc dans la littérature orale africaine. Etude. Anthologie.
  Paris, SELAF (Tradition Orale), 1976, 400 p.

Frank ALVAREZ-PEREYRE - La fonction populaire du conte en Roumanie.
  Paris, SELAF, 400 p.

Jean-Claude RIVIERRE - Grammaire de la langue de Touho (Nouvelle-Calédonie).
  Paris, SELAF.

N.B. - Les membres de la SELAF bénéficient d'une remise de 10 % sur le prix des ouvrages de la Collection.

TOUTE CORRESPONDANCE CONCERNANT LES PUBLICATIONS DOIT ETRE ADRESSEE A :

SELAF, 5, rue de Marseille, 75010 PARIS (France) - Tél. 208.47-66

Les adhésions à la "Société d'Etudes Linguistiques et Anthropologiques France" ainsi que les renouvellements d'adhésion sont à envoyer à cette même adresse.

Le règlement des cotisations est à effectuer de préférence par virement postal ou bancaire :

- soit au compte de la Société :
   SELAF, n° 40527 C, Crédit Lyonnais, Agence XK 418
   30 Bd. de Magenta, 75010 PARIS.
- soit au CCP du Crédit Lyonnais :
   Crédit Lyonnais, Agence XK 418, CCP 947 PARIS.
   en précisant sur le volet de correspondance :
   "Pour le compte n° 40527 C de la SELAF"

Le taux de la cotisation annuelle, qui comprend la réception de la "Bibliothèque de la SELAF", est fixé comme suit, pour l'année 1975 :

- membres individuels :
   France et Marché Commun   50 FF.
   Ailleurs   60 FF.
- bibliothèques, instituts et collectivités : 100 FF.

Les abonnés qui désireraient obtenir le droit de vote lors de l'Assemblée Générale Ordinaire sont tenus d'acquitter une cotisation dont le montant est fixé pour l'année à : 5 FF.

Pour l'achat de numéros isolés ou de collections de la "Bibliothèque de la SELAF", s'adresser directement au siège de la SELAF, à l'adresse ci-dessus ou aux librairies spécialisées.
Prix du numéro simple : 20 FF,
     du numéro double : 40 FF,
     du numéro triple : 60 FF.

Les commandes de "Numéros spéciaux" ou de volumes de la "Collection LANGUES ET CIVILISATIONS A TRADITION ORALE" doivent également être adressées au siège de la SELAF.

*

* *

Les manuscrits proposés pour la publication sont à envoyer au Comité de Rédaction à l'adresse de la SELAF ci-dessus. Ils doivent être entièrement dactylographiés en double interligne. Le mode de présentation, la mise en page et les caractères employés étant fonction du procédé de reproduction sont soumis aux décisions de la Rédaction concernant les normes de la Revue ou de la Collection. Les manuscrits non insérés ne sont pas rendus. Le contenu des publications (ouvrages, illustrations, disques) n'engage que la seule responsabilité de leurs auteurs.

Une publication dans la Revue ou dans la Collection de la SELAF ne donne lieu à aucun droits d'auteur. Celui-ci recevra dix exemplaires de son ouvrage ou dix tirés à part de son article dans la Revue. Il pourra se procurer une quinzaine d'exemplaires supplémentaires à tarif réduit.

Comptes rendus : les auteurs désirant faire paraître un compte rendu de leurs publications dans la SELAF sont priés d'en adresser un exemplaire à l'adresse ci-dessus.

INSTRUCTIONS AUX AUTEURS POUR LA REMISE D'UN MANUSCRIT A LA SELAF

(Bibliothèque ou Collection)

---

1. Le NOM et les PRENOMS de l'auteur, son ADRESSE,éventuellement son numéro de TELEPHONE.

2. Le TITRE de l'ouvrage (aussi concis que possible) et un sous-titre (indiquant lorsqu'il s'agit d'une langue,son groupe linguistique et le pays où elle est parlée.)

3. Un SOMMAIRE (têtes de chapitres et grandes subdivisions de chaque chapitre.)

4. Un RESUME de l'ouvrage en 10/15 lignes (maximum)

5. Toutes les illustrations de l'ouvrage (cartes,dessins,schémas,photos) sur papier blanc ou sur calque à part du texte (même si elles doivent figurer dans le texte) avec indication de la localisation souhaitée dans l'ouvrage.

6. Un/des INDEX (sauf pour quelques ouvrages où cela ne s'impose pas) renvoyant aux paragraphes codés (voir plus loin en 9) du texte et non pas aux pages du manuscrit.

7. Une BIBLIOGRAPHIE (complète des ouvrages cités dans le texte) respectant les normes bibliographiques rappelées dans la notice ci-après. Dans le texte et les notes,les références aux ouvrages seront faites de la façon suivante:
   Nom de l'auteur,date,page - Ex: (ABRAHAM, 1962, 78)

8. Une TABLE DES MATIERES détaillée renvoyant aux paragraphes codés (voir ci-dessous en 9) du texte et non aux pages du manuscrit.

9. Un PARAGRAPHAGE CODE du texte,c'est-à-dire une division en paragraphes absolument arbitraire: chaque page du texte doit comporter au moins un numéro de paragraphe,au plus trois.Le numérotage se fait en attribuant à chaque chapitre(y compris Avant-propos,Introduction) un N° de 1 à X et en subdivisant en paragraphes allant de 1 à X à l'intérieur de chaque chapitre. Ex: 1.1, 1.2,1.3,1.4,...1.12, 1.13, 1.14,...1.101,1.102, 1.103...; 2.1,2.2, 2.3,...2.20, 2.21, 2.23...(cf. N° 27-28,29,31 de la Bibliothèque de la SELAF - N° 1 et 3 de la Collection Tradition Orale)

10.Le cas échéant,un ENREGISTREMENT sur bandes magnétiques en 9,5 cm/s ou mieux 19 cm/s de bonne qualité (la Rédaction se réserve le droit de décider,après examen technique,de l'opportunité de la publication sonore)

11.Indication du nombre de TIRES A PART supplémentaires(payants) désiré: l'auteur reçoit gratuitement 10 tirés à part de son ouvrage ou article et peut indiquer à la SELAF 10 noms de personnalités(susceptibles de faire un compte rendu) auxquelles il désire voir adresser l'ouvrage.

Les auteurs dont les contributions sont destinées à paraître dans la Bibliothèque de la SELAF ou dans la Collection "Langues et Civilisations à Tradition Orale" sont priés de se conformer aux règles ci-dessous quand ils citent des ouvrages et des articles ou quand ils rédigent leur bibliographie.

I. OUVRAGES

1)

1) Nom de l'auteur en capitales suivi de l'initiale du ou des prénoms,éventuellement entre parenthèses. Virgule;

2) Date d'édition;s'il s'agit d'une réédition,on le signale en notant explicitement,par exemple: 3° édition,ou en mettant en exposant après la date le numéro de l'édition,ainsi 1963^3. Virgule;

3) Titre de l'ouvrage souligné.Virgule;

4) Si l'ouvrage fait partie d'une collection,on cite le titre de la collection,éventuellement entre parenthèses,ainsi que le numéro de l'ouvrage dans la collection.Virgule;

5) Lieu d'édition.Virgule;

6) Nom de l'éditeur.Virgule;

7) Nombre de pages (vérifier s'il n'y a pas de pagination différente en chiffres romains pour la préface).Point.

Exemples

ABRAHAM R.C., 1962,2° édit.,Dictionary of the Hausa Language , Londres, University of London Press, 992 p.
ou ABRAHAM R.C.,1962^2, Dictionary.....

WESTERMANN (D.) - BRYAN (M.A.),1952,The Languages of West Africa,(Handbook of African Languages,Part III),Londres,New-York,Toronto, Published for the International African Institute by the Oxford University Press, 215 p.,1 carte hors-texte.

II. ARTICLES

1) Idem que pour les ouvrages;

2) Idem que pour les ouvrages;

3) Titre de l'article non souligné.Virgule;

4) Lieu d'édition et nom de l'éditeur entre parenthèses.Virgule;

5) Titre de la revue d'où l'article est extrait,souligné.Virgule;

6) Tomaison.Virgule;

7) Pagination de l'article.Point.

Exemples

SASSOON H., 1964,A Burial among the Birom,(Londres),Man,vol. LXIV,1, p. 8-10.

CARTER H.,1964,Some Problems of Double Prefix Distribution in Northern Rhodesian Tonga,(Londres,Macmillan), Journal of African Languages,vol.3, 3, p. 241-251.

Lorsqu'un auteur a publié la même année plusieurs ouvrages ou articles, on les cite successivement par ordre alphabétique(sans tenir compte des articles définis ou indéfinis ni des prépositions),en faisant suivre la date de a,b,c,d,... Cette façon de procéder permet dans le corps de l'ouvrage de se référer à un ouvrage ou à un article sans en mentionner chaque fois le titre.Si j'ai présenté ma bibliographie comme dans les exemples ci-dessous, je pourrai dire,par exemple: "Le problème a été examiné par MARTINET (1965 b p.42) plutôt que "MARTINET,1965,Le mot,Diogène,LI,p.42."

Exemples

MARTINET A.,1960,Eléments de linguistique générale,Coll. A.Colin, n° 349, 224 p.

- 1965 a, La linguistique synchronique,Paris,P.U.F.,248 p.
- 1965 b, Le mot,(Paris), Diogène, LI, p. 39-53.
- 1966 , L'autonomie syntaxique,(Paris),Méthodes de la grammaire, Tradition et Nouveauté, p. 49-59.

Lorsqu'un article ou un ouvrage est publié sans date,on remplace celle-ci par la mention: s.a. (sine anno) ou s.d. (sine die).Si le lieu de l'édition n'est pas indiqué,on le signale par la mention s.l. (sine loco).

III. COMPTES RENDUS

Le titre de l'ouvrage ou de l'article qu'on recense est suivé suivant les mêmes conventions que ci-dessus,mais la date suit le nom de l'éditeur. Après l'indication de la pagination,on fait figurer,si on la connaît, la mention du prix.

Exemple

Paul HELMLINGER,Dictionnaire duala-français suivi d'un lexique français-duala,Coll. Langues et Littératures de l'Afrique Noire,IX,Paris,Klincksieck,1972,XXI-665 p. Prix: 140 F.

COLLOQUES INTERNATIONAUX
DU
CENTRE NATIONAL DE LA RECHERCHE SCIENTIFIQUE

Sciences humaines

LA CLASSIFICATION NOMINALE DANS LES LANGUES NÉGRO - AFRICAINES

AIX-EN-PROVENCE
3-7 juillet 1967

Ouvrage in -8" raisin, 400 pages, relié

Prix : 62 F

ÉDITIONS DU CENTRE NATIONAL DE LA RECHERCHE SCIENTIFIQUE
15, quai Anatole France — PARIS VII'
C.C.P. 9061-11   Tel.: 555-26-70

EDITIONS DU CENTRE NATIONAL DE LA RECHERCHE SCIENTIFIQUE

15 , quai Anatole France   75700 Paris

C.C.P. 906111 Paris   Téléphone 555 26 70

LEXIQUE

DES PARLERS ARABES TCHADO-SOUDANAIS

préparé par

Arlette ROTH-LALY

IV

Lettres K à Y

(Dernier fascicule de la collection)

AN ARABIC-ENGLISH-FRENCH LEXICON

of the dialects spoken in the Chad-Sudan area

compiled by

Arlette ROTH-LALY

Ouvrage in 4° coquille, 148 pages, broché.

PRIX : 35,50 F

ATLAS LINGUISTIQUE
DE LA FRANCE
PAR RÉGION

ATLAS LINGUISTIQUE DE LA GASCOGNE
vol. 6
par Jean SEGUY

Ce 6ᵉ et dernier volume (territoire compris entre Garonne, Atlantique et Pyrénées) constitue l'aboutissement d'un long effort : plus d'un quart de siècle de recherches et un point de départ : de la réflexion sur ses travaux naquit la dialectométrie ou mesure mathématique des variations du langage dans l'espace.

Ce volume marque une étape importante dans le développement de la science du langage.

34 × 51 / 180 pages / relié
ISBN 2-222-01616-9   158,90 F.

Editions du CNRS
15 quai Anatole France. 75700 Paris

CCP. Paris 9061-11 - Tel. 555-92-25

M_____

profession_____

adresse_____

achète le livre_____

chez son libraire ☐
à défaut aux Éditions du CNRS (chèque joint) ☐
et demande votre documentation
☐ Sciences humaines
☐ Sciences exactes et naturelles
☐ Trésor de la langue Française
☐ Revue de l'Art

✚ INDUSTRIE SERVICE